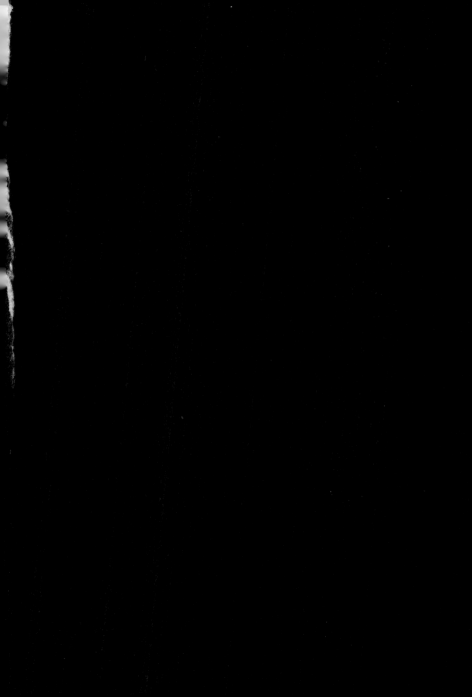

マジカル・ヒストリー・ツアー

ミステリと美術で読む近代

門井慶喜

Kadoi Yoshinobu

幻戯書房

まえがき

ネタバレという言葉は語感がきたないから使いません。いわゆる小説の結末曝露の問題については、本書では、なるべくこれを避けるよう努めました。

しかし以下の作品に関しては、ひょっとしたら、本書を読むことで結末の推測がやや容易になるかもしれません。未読の方はご注意を。

ジョセフィン・テイ『時の娘』
コナン・ドイル『緋色の研究』
ジェイン・オースティン『ノーサンガー・アビー』
ウンベルト・エーコ『薔薇の名前』

もっとも、私がこの本でとりあげたのは、あらかじめ結末がわかったところで本質的なおもしろさは減じないものばかり。というか、その程度でおもしろさが減じるようならそもそも検討の対象としませんでした。未読の方も、既読の方も、その点では安心して楽しんでもらえると思います。

目次

本書は書き下ろしです。

マジカル・ヒストリー・ツアー

ミステリと美術で読む近代

第一講　『時の娘』は絵からはじまる

図1は、イギリス史上最悪の王の顔だ。

リチャード三世。

一四〇〇年代なかばに生まれ、王の座に就くためにあらゆる汚い手を使った。暗殺、脅迫、甘言、裏切り、近親相姦、政略結婚……めでたく王位に就いたあとも市民に妖言《ようげん》をまきちらし、政敵を粛清し、何より先代の王のおさない息子たちを殺害した。自分よりも王位継承の正統性が高いからだ。

なおかつその殺しかたが残忍きわまる。いくらリチャード自身が手を下《くだ》してはいないにしろ、まだほんの十二歳と十歳にすぎない王子がロンドン塔のベッドの上ですやすや眠っているところへ枕をおしつけ、窒息させるとは。少年たちはさぞかし苦しかったろう、母親の顔を思い浮かべたかもしれない。いっきに剣や槍を使わないのが逆にむごい。

暴戾残虐《ぼうれい》。

奸佞邪智《かんねいじゃち》。

彼より百年あとに活躍した劇作家シェイクスピアが、この王のために「道を歩けば犬も吠える」という嘲罵のせりふを案じたのも、まったく当たり前としなければならないだろう。そう、リチャ

図１　リチャード三世像（1500年代末。ナショナル・ポートレートギャラリー蔵）

ード三世はイギリス史上最悪の王にほかならないのだ。

しかし、どうだろう。

そんなに悪い顔に見えるだろうか。

と、一冊の書物の冒頭でいきなり重要な疑問を繰り出すのは私ではない。ロンドン警視庁の名刑事、アラン・グラント警部だ。グラント警部はいま或る事件でけがをして入院しているところなのだが、その退屈のつれづれにこの絵をながめ、

「あまりに良心的すぎた人物だ」

という第一印象を抱いたのだ。

この第一印象は、さらにじっくりと深められていく。


彼（引用者注・グラント警部）は永いことその顔に見入ったまま、横になっていた。とくに、その異様な両の眼に。切れ長の眼で、眉との間隔がせまい。眉は、苦しげな、良心的すぎる人物によくありがちな、あのかすかにひそめられた感じに描いてある。一見したところでは、その両眼はいかにも凝然とこちらを見据えているかのようであるが、なおよく見れば、じつはそれは内にこもった、ほとんど放心状態と言ってもいいような眼つきであることがわかるのだった。

そこへ主治医があらわれる。グラント警部はこの気さくな外科医をつかまえると、絵を見せ、けがの治療もそっちのけにして、こう言い放った。

「ぼく個人の体験から言っても、また、事件記録の上から見ても、こういう顔をした殺人犯人というのは見たことがありませんな」

このせりふ、凡百《ぼんぴやく》の刑事の口から出たものではない。

グラント警部の観相術はすごいのだ。これはまだ若いころのことだけれども、彼は或る日、面通《めんどお》しの場に出たことがあった。十二人の似たりよったりの顔の列のなかから目ざすひとりを見つけ出すのが目的だったが、若きグラントは、その様子をひそかに別の場所から見ていたのだ。すると、ふいに上司から、

「どれが真犯人《ほんぼし》だか、きみ、知ってるか？」

「知りませんが、推理はできます」

グラントはそう断りを入れた上、きっぱりと、

「左から三番目です」

はたして犯人はその男だった。グラントが「犯人を顔で見分けられる」という噂はただちに警視庁内にひろまり、ほどなく副総監の耳にまで届いてしまったという。

そういう異能の刑事が言うのだから、あの絵のモデルもじつは悪王などではないのだろう。少なくとも、あのロンドン塔でのむごたらしい幼子《おさなご》殺しを命じたのがほんとうにリチャード三世その人だったかどうかに関しては再検討の余地がある。何しろグラント警部は「こういう顔をした殺人犯

人」をそれまで見たことがないのだから。ジョセフィン・テイの歴史ミステリ『時の娘』（小泉喜美子訳、ハヤカワ・ミステリ文庫、一九七七年刊）は、もはや古典と呼んでも誰からも異論は出まいが、つまりは歴史の再検討の物語にほかならなかった。

†

歴史ミステリとは何か。

ミステリのうち、歴史に材を採ったものをいう。という定義づけはむろん可能だし、正確だが、これは新刊書店とは何かと聞かれて新刊書を売る店ですと答えるようなもので、正しさ以外の意味がない。いまのうちにもう少ししっかりとこの語を見つめておかなければならないのではないか。「歴史ミステリ」は本書の主題そのものだからだ。

歴史ミステリは、大まかに二種類にわけられる。

1　主人公が「当時の人」である小説

2　主人公が「現代の人」である小説

1はまた、読者が過去へもぐりこむ小説、と言うこともできるだろう。大航海時代なら大航海時代へ、ロシア革命ならロシア革命のころへ。わが日本でも『半七捕物帳』や『鬼平犯科帳』など、江戸時代の人物がぞんぶんに江戸の街を駆けまわる小説はやはり1に入る。時代小説と呼ぶことも可能だろう。

西洋ミステリの古典では何といってもディクスン・カー『エドマンド・ゴドフリー卿殺害事件』が名作とされているけれど、ここではウンベルト・エーコ『薔薇の名前』も挙げておこうか。一三二七年、イタリア山中の修道院で起きた殺人事件の謎を、そこをたまたま訪れていた修道士ウィリアムが解決するという設定。読者はほぼ最初から最後までこの雪ののこる修道院ですごすことになる。体をあたためるエアコンは出てこず、携帯電話も自転車も出てこない。本書では第五講と第六講でくわしく読むことになるので、心の準備をしておいてください。

いっぽう2では、読者は過去へもぐりこまない。

現代の——刊行時の——世界に立ちどまったまま、現代に生きる主人公が過去の事件をとくのを見る。1を時代小説とするならば、2は現代小説であるともいえるだろう。

そこでは当然、文献しらべ、子孫への聞き取り、机上の検討といったようなことが捜査活動の中心になる。ジョセフィン・テイ『時の娘』（原著一九五一年刊）はこちらに入る。リチャード三世（実在の人物）が王位に就くため無邪気な先王の息子ふたりを無惨にも窒息死させたという史実そのものは一四八三年のロンドンで発生したが、その謎をとくのは二十世紀のロンドン警視庁の敏腕刑事、グラント警部。こちらは架空の人物である。警部は入院中のベッドの上でいろいろな文献情報をあつめ、腕を組んで考えるのだ。

ちなみに言うと、この『時の娘』の設定をそっくり下敷きにしたのが高木彬光『成吉思汗の秘密』（一九五八年刊）。こちらは東大医学部法医学教室助教授である名探偵・神津恭介がやはり入院のひまつぶしに歴史の検証をはじめる話。「源義経はほんとうは衣川で死んでおらず、大陸へのがれてチンギス・ハンとなったのではないか？」仮説の是非はどうでもいい。検証の手続きが妥当かどうかも目をつぶろう。ここではただ、『時の娘』が刊行当時たいへん大きな話題になり、海のむこうの日本人作家をすら触発したことを見ればよい。

もっとも、数の上では、1のほうが圧倒的に多いだろう。

歴史ミステリがいつごろ世にあらわれたかは判然としないが、おそらくミステリそのものの発祥とさほど変わらず、一八〇〇年代なかばと思われる（くわしくは第二講でふれる）。こんにちまで二百年弱、この期間に刊行された歴史ミステリのうち、八割、いや九割は1のタイプなのではないかというのが私の皮膚感覚だ。

正確な統計ではないけれども、まあ2のほうは一割か二割か。ずいぶんなアンバランス。『時の娘』は少数派なのだ。

なぜだろう。1は歴史上の事件がそのまま小説的描写になり得るし、2はむしろ描写よりも説明で話を進めることになりやすい。1が小説的になるとすれば2は考証的、評論的になりやすく、そんなところが読者の支持の差につながるのかもしれないが、とにかく1と2は、カテゴリーとしてさらに細分化することもできる。

1のほうは主人公が史上実在の人物か架空の人物かで分けられるし（『薔薇の名前』の修道士ウィリアムは架空の人物）、そのそれぞれについて事件が実在か架空かという分けかたがある。2も同様。歴史を調べる現代の人物について実在か架空かが問われ得る（『時の娘』のグラント警部は架空の人物）し、そのそれぞれについてやはり事件が実在か架空かという分けかたがある。二×二×二、ぜんぶで八パターンだ。この八パターンがさらに……。

いや、もうよそう。リンネふうの詳細きわまる分類整理はもちろん意味があるけれども（あらゆる学問は究極的には分類学である）、それは本書の目的ではない。本書の目的は分類よりも読解、整理よりも発見のほうにあるのだ。

少なくとも、私はそのつもりで書いていく。おのずから1と2の区別もあまり意識しないことになるだろう。したがって「歴史ミステリ」の定義も厳密にはおこなわず、ひとまずあの漠然たる「歴史に材を採ったもの」の域にとどまっておく。『薔薇の名前』も『時の娘』もおなじ歴史ミステリさ。そんなふうに姿勢を楽にして、リラックスして旅に出る。そういうことにしておこう。

同様の理由で、本書は「ミステリ」という語そのものに対しても定義はおこなわないことにする。定義のゆれもまた評論文のたのしみなのである、と言うとやや居直りじみているけれども。

†

グラント警部は入院中のベッドの上でいろんな人から話を聞く。いろんな資料をひっくり返す。さながら無実の罪で裁判にかけられた被告人の担当をすすんで引き受けた弁護士のように、リチャード三世その人の名誉を回復しようとするのだ。

この挑戦に、グラント警部はかなりの程度まで成功した。

くわしい論証の手続きは省略するけれど、まったく大した逆転劇だった。この小説をおしまいまで読めば、たいていの読者はリチャード三世の無実を確信するだろう。その上さらに、教科書の歴史というものがいかに嘘とごまかしと捏造《ねつぞう》とすりかえの連続であるかを知って啞然とするだろう。そう、あたかも弁護士の陳述にすっかり聞きほれてしまった裁判官のようにだ。

物語の最後には、ひとりの看護婦が登場する。

リチャード三世はとんでもない悪人だと小学生のころ歴史の先生に教えられ、それ以降ただの一度もそれを疑ったことがないという若い看護婦。ごくふつうのイギリス人。彼女はグラント警部に例の絵を見せられ、しばし眺めさせられた。と、とうとう、

「おかしいわ」

と言いだしたのだ。そこでこの一篇の長篇小説は、こんなふうに締めくくられることになる。


「おかしいわ」と、彼女は言った。「しばらく眺めていると、本当にいい顔になってきますのねえ、そうじゃありませんこと?」

すなわち『時の娘』は文字どおり、絵にはじまって絵に終わる。言いかえるなら、『時の娘』は歴史ミステリであると同時に、美術ミステリでもあるのだ。

『時の娘』がイギリス本国で発表されたのは一九五一年。

日本で言うなら昭和二十六年だ。これ以降、イギリスではこの王様の再評価が進みはじめた。名誉回復運動が小説の外へとびだしたのだ。その結果、いまでは研究者はおろか一般の歴史好きのあいだにもリチャード三世善人説はしっかりと根をおろしており、悪人説とおなじくらいの常識になっているという。

イギリスばかりではない。大西洋のむこうのアメリカでは、二十数年後の一九七四年にエリザベス・ピーターズ『リチャード三世「殺人」事件』なる新作ミステリまで書かれる始末だった。こちらは歴史ミステリというよりは歴史に材を採った現代ミステリだけれども、やはり基本的にはリチャード三世の治績および人柄をまるまる擁護する方向で話が進んでおり、むしろリチャード悪人説をとなえる学者のほうが変人あつかいされるほどの価値観の転換を見せている。

『時の娘』。

このたった一冊の長篇小説は、とてもすばらしい仕事をした。

第一にミステリ好きをよろこばせた。第二に国民全体の固定観念をひっくり返した。その上さらに専門家にまで影響を与えたのだから、これは或る意味では第二次大戦後の世界において小説が果たした最大の文化事業のひとつといえるだろう。こういう偉大な古典作品を小泉喜美子訳で読むことのできる日本の読者はつくづく幸せだと思う。右の引用からもわかるとおり、彼女の訳文は明晰端正、むさくるしいところが少しもなく、歴史の世界に遊ぶにふさわしい典雅さを持つからだ。私はこのたび改めて通読したけれど、四度目にもかかわらず生活を忘れた。まったく上質の時間だった。

†

と述べた上で、しかし私は、グラント警部の見落としを指摘したい。

どうやら彼は、あのリチャード三世の絵にひとつ重要な要素のあるのに気づかなかったらしいのだ。わかってしまえば目につきやすい、じつに明確に描かれている要素なのだが、これはいったいどうしたことだろう。弘法にも筆の誤りというやつだろうか。

いや、ちがう。グラント警部は敏腕刑事だ。ほかならぬ「顔で犯人を見分けられる」男だ。だからこそ、もしかしたら逆に顔以外の部分には目が届かなかったのかもしれない。

手。

ふたつの手。

リチャードのあごの下のほう、胸の前のあたりに中途半端に浮いている白い両手は、やや不自然と思えるほどに大ぶりだ。右手には親指、薬指、および小指にそれぞれ大きな指輪をはめているが、そのうちの小指のそれが、いましも左手の二本の指によって静かに抜き取られようとしている。一見すると目立たないけれど、これはまぎれもなく、絵のなかの王がたったひとつ私たちに見せつけている主体的な動作にほかならない。彼はただ突っ立っているだけではないのだ。ただし、厳密に言うならグラント警部は見落としていない。ここのところに関しては、挨拶程度ではあるけれどたしかに小説の地の文のかたちで「指輪をはめようとしている」という一文がさしはさまれているからだ。

指輪をはめる？

抜き取るではないのか？

私はここに違和感をおぼえる。なるほど、はめると見えないこともない。もともと絵画というのが無時間の表現、完全なる静止の表現にほかならない以上、指輪をはめるのもはずすのも同一の描写にならざるを得ないのは理の当然だし、そうであればグラント警部の見かたを百パーセント誤りと断言するのはどんな美術史家にも不可能だろう。しかし私はそれでもやはり「はずす」と見るほうを採りたい。

なぜなら、もしもこの絵がグラント警部の言うように「はめる」ところの描写だったら、指輪は最初の一個目であるほうが絵の味が強まるからだ。すでに親指と薬指の指輪ははめました、こんどは三つめです（しかも小指）、では行為の新鮮みが薄れるし、そのぶん王の行為の含むべき意味あいも薄れてしまう。そんな初歩的な誤りを、かりにも王の肖像に取り組もうという画家が——名前は不明だが当時の一流にはちがいない——犯すはずがないだろう。もちろん指輪の数を強調していると見る手もあるけれど、それなら三個は少なすぎる。人間の指は十本もあるのだ。やはりリチャードは指輪をはずしていると見るほうが絵そのものの興趣が高まる。美術というのは、そのようにして見るものなのである。

ならばその「はずす」行為は、いったい何を意味するのか。

宗教心だ。

神様を、うやまうこころ。

もともと西洋には指輪を「権威」のシンボルと見る習慣があった。シンボルというのは、ここではさしあたり「古くから伝わる、ものの見かたの定型」くらいの定義をしておきたいが、何しろ古くから伝わるだけに私たち二十一世紀の日本人には難解、というより意味不明であるものも多いのが実際のところ。早い話、いまだに私はどうして蟹が「死」のシンボルなのか皆目わからないのだ。しかしながら幸いにも、この指輪＝権威という関係はわかりやすい。ほとんど一瞬で理解できる。指輪ほどじゃまな装身具はないからだ。

そう。

指輪はほんとうにわずらわしい。

料理をするにしても、農作業をするにしても、大工道具をあつかうにしても、日常の手仕事のために役立つということがまったくない。ひたすら無用の長物なのだ。それでいて手という人間がいちばんよく使う場所のそれも指といういちばん勤勉な働き者をみっちり締めつけるのだから始末が悪い。現代の人間がしばしば結婚指輪をはめたまま日常の仕事をこなしているのは、つまるところ、現代の人間がいかに過酷な手の労働から解放されたかの逆の証明にほかならないのだ。

そんなわけだから、指輪をあえて三つも四つも身につけるのは、その身につけた人間がいかに日常の手仕事とは縁もゆかりもない人間であるかの端的な視覚的主張ということになる。一四〇〇年代の実情に即して言うなら、要するに階級が上ということだ。ましてやその指輪にさらに大粒の宝石でも嵌《は》めこまれたりしていれば、これはもう権威のこの上なくわかりやすい表現となるだろう。いうまでもなく、宝石などというものを所有できるのは王や貴族、聖職者くらいしか当時の社会にはいなかったからだ。

そういう重要な装身具を、いま、リチャード三世は指からはずそうとしている。

図２　エル・グレコ「改悛するマグダラのマリア」
（1577年頃。ウースター美術館蔵）

右手の三本の指にはめられた宝石つきの豪華な指輪を、ひとつずつ静かに抜き取ろうとしている。

それはただちに権威をわが身から抜き取る行為だ。あるいは精神的に裸になろうとする行為と言いかえてもいい。そうして彼はイングランドの王様なのだから、彼の権威は世俗の権威。それを捨てるのは世俗と反対の方向へみずからを投げ出す行為でなければならない。

世俗の反対。

つまり、聖なる神のみもとへ。

この絵は、だから、世俗の王の似姿《にすがた》でありつつ同時に一種の宗教画にほかならないのだ。あるいは宗教画を下敷きにした世俗の王の肖像に。

むろん、宗教的要素はこれだけではない。リチャードの目がわずかながら上を向いているのも神への敬虔のあらわれだろう。聖フランチェスコでも聖ウルスラでも、およそ慎みぶかい人間が神のあるべき方向へまなざしを捧げれば目が上を向くのは自然だからだ。図2にその典型例を挙げるけれども、こういう視線処理は聖人画の基本文法に属する。実際の歴史に徴しても、リチャード三世という人はかなり敬虔なほうだったらしいから、あるいはこの絵の描き手もそういう個性を生かしたのかもしれない。

ここで思い出すべきは、グラント警部の評価だろう。さっき引用したところで、警部はこの王様の目を「内にこもった」目だと判じた。これはおもしろい。神を見つつも心の奥の奥でじつは自分自身を見つめているというのは、まさしく強い——強すぎる——信仰心にとりつかれた人に特有の心理にほかならないからだ。やはりグラント警部の観相術は鋭敏だった。こうしたもろもろを考え合わせると、やはりこの王の肖像が聖人画の様式をいわば借用した上で描かれたことは確かだと思う。描き手がそれをどこまで意識したかは別にしても。

もちろん私は、私の見かたが全面的に正しいなどと言うつもりはない。もともと絵というものは幾通りもの見かたができるものだし、またできなければ興味の抱きようがないものだからだ。何百年もむかしの作品ならなおさらだろう。私はあくまでも見かたのひとつを示したにすぎない。

そのひとつを、繰り返すようだがグラント警部は見落とした。なぜだろう。私はひそかに想像してみる。グラント警部には信仰心がなかったんじゃないかと。彼はふだんの生活のなかで神様を意

識することも少なかったし、僧侶をありがたいと思う機会もほとんどなかった。そりゃあまあ、

「あなたは神様を信じるか」

と、近所の年寄りにでも聞かれれば、

「信じます」

とは答えたかもしれないが、それも本心からというよりは、単に世間に無用の波風《なみかぜ》を立てないための一時しのぎという感じ。グラント警部は、いわばスープのなかのクルトン程度の宗教心でこの世を生きている人間だったのだ。

考えてみれば、これは彼ひとりの態度ではない。大なり小なり第二次大戦後のイギリス人全体の態度でもあるし、われらが日本人の態度でもある。西洋だろうと東洋だろうと、もはや二十世紀はかつてのような宗教の時代ではなかったのだ。だからこそグラント警部はあのリチャード三世の絵に宗教的要素を見なかったのだし、私たち読者もそういう彼の目にこれまで何の疑問も感じなかったのだ。

†

いや、もうひとりいる。

あの絵に宗教を見なかった人間が、もうひとり。

作者ジョセフィン・テイその人だ。ただしここでは、グラント警部という信仰心にとぼしい人物

像を創造したという意味で言うのではない。いや、それもあるけれど、よりいっそう注目したいのは、考えてみればこの『時の娘』という長篇小説そのものがもう最初から最後まで宗教への言及がほとんどないという点だった。もちろん、実際のリチャード三世はなかなか信心ぶかい人物だったらしいという程度のことは書いてあるけれど、それも積極的に宗教的側面をとりあげるというよりは、ただ単に、彼の善良さを示す一例証にすぎない感じ。近代以前に材を採りながら、そう、『時の娘』は無宗教の物語にほかならないのだ。

もっとも作者は、意識の表面に近いところでは、むしろ文章技術のほうの面からこの措置を講じたものと思われる。というのも『時の娘』のあつかう時代は、ばら戦争の時代なのだ。

ばら戦争。

一四〇〇年代後半、イングランド全土をまきこんだ貴族どうしの内乱。

貴族はおおむねランカスター家かヨーク家のどちらかにつき、三十年にわたって相争《あい》った。例のリチャード三世の「悪業」のかずかずも、巨視的に見ればこの戦争が生んだエピソードのひとつにすぎないのだ。事のはじまりは一四五五年、ランカスター朝第三代の王ヘンリー六世の治世に……。

いやいや。

これ以上の説明はやめるほうがいい。

この戦争はそれでなくても人間関係があまりに入り組みすぎている。誰が味方で誰が敵なのか、誰が勝って誰が負けたのか、ちょっと見ただけではまるで理解できない。そもそも彼らの戦いの目的がほんとうはいったい何だったのかすら、こんにちの目からはわかりづらいほどなのだ。ひょっとすると当時の貴族にもわからなかったのではないか。このあたりの面倒なごちゃごちゃした感じは、さしづめ日本史でいうなら南北朝の動乱にちかいかもしれない。あるいは応仁の乱。ばら戦争は、日本人にはもちろん、本国イギリス人にもたいへん厄介なしろものなのだ。

こういう歴史を文章に綴るのは大《おお》仕事だ。

私はおなじ小説家としてジョセフィン・テイに満腔の共感を捧げるのだが、彼女はそうとう苦労したにちがいない。読者を感動させるとか刺激するとかいう以前にまず事件の経過をわかりやすく記述しなければ、そもそも『時の娘』という小説自体が成立しないからだ。ばさばさと枝葉《えだは》を落とし、花を落とし、実《み》を落とし、ほんとうに大事なところだけを残した上でなお見る者にみごとな枝ぶりを愛《め》でさせるのは熟練の庭師にもむずかしい仕事だろう。精神的なエネルギーもずいぶん費消したことと想像される。

そんなところへ。

もしもさらに宗教の線などを加えたりしたら。想像はあまりにも容易だ。記述はだらだらと些事にながれ、細部にまみれ、ほとんど制御不可能になるだろう。庭木のつもりで植えた木はジャングルと化し、かんじんの枝や幹を覆い隠してしまうだろう。作者がこの長篇小説から宗教的要素をおもいきりよく省いたことは、だから私にはとても賢明なことだったと思われる。この小説の主題はばら戦争ではなく、宗教とは何かでもなく、あくまでもリチャード三世という個人的な人間の運命の上にあるのだから。歴史をあつかう小説家にもっとも必要なのは、何を書くかより、何を書かないかを見きわめる目にほかならないのだ。

もっとも、こんなふうに言うと、

「当たり前じゃないか」

と言う人もあるかもしれない。内乱というのは勝った負けたの世界であり、その意味では結果はつねに具体的なものだ。勝因、敗因という名の物質的きわまる因果関係の支配するところでもある。神様などの割りこむ隙ははじめからなく、したがって宗教的要素は取り除かれるほうがむしろ歴史の常態。ジョセフィン・テイはただ常態を常態のままに描いているだけではないか、と。しかし私に言わせれば、そういう意見こそ、二十一世紀という非宗教的な時代に生きる私たちの典型的な固定観念の所産なのだった。

早い話がシェイクスピアだ。

ばら戦争をあつかった世界でいちばん高名な文学作品はシェイクスピアの『リチャード三世』にちがいないが、この一五〇〇年代のおわりに書かれた戯曲には神の名がやたらめったら出てきて私たちをうんざりさせる。神様どころか、最後のほうでは死者の亡霊すらぞろぞろ登場する。長広舌をふるう。このあたりにさしかかると、私たち読者は、

「もうちょっと話をとんとん進めてくれよ」

と、泉下の文豪に文句をつけたくなるのも事実なのだ。そうしてジョセフィン・テイが『時の娘』の執筆にあたってこの戯曲を読み返したことは間違いないことを考えると、彼女が『時の娘』から宗教的要素をはぶいた作家的操作はやはり高度に意識的なものであり、凡百の現代作家のなし得るところではないと思う。もちろん、あのグラント警部という実質的に無宗教の人物像も、こう

いう作品全体の要請によって生まれたところが大きいわけだ。

†

さて。

話はいよいよ本題に入る。

これまで見てきたとおり、一五〇〇年代に描かれたらしいリチャード三世の絵には宗教的要素が濃厚にあった。しかしそれは一九〇〇年代に活躍したロンドン警視庁の敏腕刑事、グラント警部の注目するところとはならなかった。あるいは、おなじ一九〇〇年代に健筆をふるったミステリ作家ジョセフィン・テイ女史の目にははっきり省くべきものと映った。

この間《かん》、約四百年。

神様はどこで落ちてしまったのか。

私はこの問いに深甚なる興味を抱く。抱かざるを得ない。なぜなら『時の娘』にかぎらず、およそミステリと呼ばれる小説は、神様のいないところでしか成立し得ないからだ。

もしも全知全能の神が探偵小説をお読みになったら、その全知全能のゆえに、さぞかしつまらないだろう、という誰やらの名せりふもある。ミステリは信心とは相容《あいい》れないのだ。少なくとも、理念の上では対立するものなのだ。

ということは、もしも私たちがこの四百年のなかに神様が落ちた瞬間を見ることができたとしたら。宗教の権威の失墜をまのあたりにできたとしたら。それは逆に、ミステリという魅力的な小説の一分野のかがやかしく飛翔する瞬間をとらえることにもなりはしないか。少なくとも、ミステリの生理をうかがうための最良のいとぐちとなり得ることは確かな気がする。あんまり大ぶろしきを広げるようだけれど、どうだろう、それは挑戦するに値する問題ではないかしら。

とはいえ。

この四百年のあいだに、というのはリチャード三世と私たちのあいだにということだが、神は何度も落ちている。宗教の権威はしばしば衰えている。その衰えのきっかけとなった歴史的事件を、思いつくまま列挙すれば、

宗教改革（一五一七から）
コペルニクスによる地動説の発表（一五四二）
産業革命（一七〇〇年代なかばから）
ダーウィン『種の起源』出版（一八五九）
イタリア王国によるローマの併合（一八七〇）
ロシア革命（一九〇五）

これらのうちのいったい何がミステリの誕生に真にかかわり、ミステリの生理に真に影響を与えているのか。

この問いはおそらく、ミステリを離れた私たち二十一世紀の人間の——洋の東西を問わず——ふだんの思考法、ふだんの生活法についても広くいろいろ考えさせてくれるにちがいない。

†

邦訳『時の娘』にただひとつ泣きどころがあるとすれば、それは冒頭の解説のわかりづらさだろう。

本篇の小説の前にものものしく四ページをついやして掲げられた、ばら戦争の解説だ。モーロワの『イギリス史』からの引用というが、正直、これを読んですらすら理解できる人はよほどの読解力のもちぬしか、よほどの予備知識のもちぬしだろう。じっくり読めば手際よくまとまっているのがわかるのだけれど、手際がよすぎて情報過密におちいっているのだ。もっとも前述のとおり、ばら戦争というのは誰がどう書いても盤根錯節、複雑怪奇。モーロワや訳者を責めるわけにもいかないが。

とはいえ、そこを飛ばしていきなり本篇にかぶりつくのは抵抗がある、という律儀な人もいるだろう。そこで提案したいのは、もう一冊、さっきも少しふれたエリザベス・ピーターズ『リチャード三世「殺人」事件』（安野玲訳、扶桑社ミステリー文庫、二〇〇三年刊）を横に置くことだ。こちらのほうも本篇の前に六ページにわたる時代背景の解説があり、歴史上の人物の紹介がある（文責は扶桑社ミステリー編集部）。記述は平易で最小限、ウィキペディアよりもわかりやすい。これをいつもひらいておいて、ちょいちょい確かめながら『時の娘』を読むのが、さしあたり、もっとも確実な攻略法だという気がする。

作品そのものの質は『時の娘』のほうが上。訳文のよさを抜きにしても、構成は緊密、話題を繰り出す順序がとてもよく考えられている。登場人物がイギリス的にきりっとしているのも気持ちがいい。もっとも、アメリカふうの無邪気なお祭りさわぎを好む向きは『リチャード三世「殺人」事件』のほうをよしとするかもしれない。

第二講　『緋色の研究』となりは何をする人ぞ

結論から言うと、産業革命なのだ。

もちろん地動説もダーウィンもロシア革命もそれぞれ影響を与えたに違いないが、しかしミステリという小説の一大分野のそもそもの発生が一八〇〇年代なかばであることを考えると、結局のところ、産業革命に落ち着かざるを得ないだろう。これは単純な年表の一致なのだ。

などと言うと、敏感な人は、

「ちょっと待てよ」

と、たちまち眉をひそめるだろう。お前はさっき年表ふうのリストのなかで産業革命のはじまりを一七〇〇年代なかばだと書いたじゃないか、しかしミステリの発生は一八〇〇年代なかば、これでは百年もの差があることになる。どこが年表の一致なのだ、と。

なるほど、そのとおりだ。両者は同時代のできごとではない。しかしながら産業革命は一七〇〇年代なかばにはじまり、一八〇〇年代なかばに終わる。終わるというのは不適切な用語で、じつはただ一段落するだけなのだけれど、それにしてもここでミステリの発生と年代が一致することは間違いない。言いかえるなら、ミステリの発生は、産業革命のはじまりではなく、その成熟のはじまり、と軌を一にした現象なのだ。

両者のあいだには偶然以上の何かがあるのではないか。ミステリの誕生が知りたいならば、まずは産業革命を知るのが最適かつ最短距離という気がする。

†

そもそも産業革命とは何か。

もちろん本には出ている。国語辞典、百科事典、歴史の教科書、年表、図説……ありとあらゆる基本的な参考図書にこの語はかならず記されている。手もとの『広辞苑』第六版ではこうだ。

　産業の技術的基礎が一変し、小さな手工業的な作業場に代わって機械設備による大工場が成立し、社会構造が根本的に変化すること。これにより近代資本主義経済が確立。一七六〇年代のイギリスに始まり、一八三〇年以降、欧州諸国に波及。

そりゃあそうだろう。誤りは見つけられそうにない。が、これを読んで産業革命というものがよくわかった、心底から理解できたと言う人がもしいたら、その人はたぶん天才か、嘘つきか、あるいは岩波書店の広報担当者のどれかだろう。ひとことで言うなら、この文章はあまりに大づかみでありすぎる。

もちろん『広辞苑』に罪はない。私はむしろ同情しているのだ。あの産業革命という人類史上の巨大な事件をこれっぽっちの紙幅におしこめるのは、水たまりに鯨を泳がせるのと同程度にむつかしい。記事がいちおう正確であるだけでも、私たちは感謝しなければならないのだ。

そこで、あらためてこの記事をながめてみる。目が乾くまで見つめてみる。と、どうやら理解のための手がかりの糸がひとすじ隠されているようだ。

「小さな」作業場から「大工場」へ、という糸。もしかしたら産業革命の核心は、

「小から大へ」

という点にあるのかもしれない。

なるほど納得いくところがある。世界史の教科書をひらくと、産業革命の最初のところにはかならずジョン・ケイの名前が書いてある。ジョン・ケイが飛び杼《とひ》を発明した、飛び杼のおかげで機織《はたお》りの作業効率が飛躍的に高まった。……あれは要するに布地《ぬのじ》の大量生産が可能になったということではないか。

あるいはジェームス・ワットの名前も。ワットは蒸気機関を実用化したけれど、蒸気機関もつまるところは車のエンジンの先祖みたいなもの、馬よりたくさん仕事ができる機械。これもやっぱり「小から大へ」だ。質ではない。産業革命とは量の革命にほかならないのだ。

（そういえば、私たちの日本はようやく明治時代、一八六〇年代になってヨーロッパの産業革命の後追いをしはじめたが、そのさいの官民あげてのスローガンは「殖産興業」というものだった。殖にしろ興にしろ、まさに小を大にするという意味の語。われらが父祖はちゃんと急所をつかんでい

たわけだ。)

この量の革命というところから自然に連想されるのは、鉄道の発達だ。何しろこの専用のレールの上を走る陸上交通機関は、輸送量の点でも、速度の点でも、距離の点でも、それまでの駅馬車とくらべて圧倒的に「小から大へ」なのだ。鉄道はまさしく産業革命という巨大な家の屋台骨をささえる存在だったといえるだろう。

いや、それ以前に、そもそも鉄道はその家で生まれた、産業革命の嫡男なのだ。その家にはもともとワットが実用化した蒸気機関があり、たっぷりの鉄があり、たっぷりの石炭があった。だから息子はすくすく育ち、イギリス国内のいたるところに蒸気機関車――いわゆるＳＬ――を走らせることができたのだ。そうそう、たっぷりの鋼《はがね》も忘れてはいけない。どこまでも線路をのばすには必須の工業資材なのだから。

こんなふうに鉄道は、産業革命という新興の大家《たいけ》の嫡男として生まれ、育ち、おとなになった。そののち全力で家をささえた。ずいぶんな孝行息子だったわけだ。

†

その孝行息子を、世界ミステリ史上もっとも早い時期に使いこなしたのはシャーロック・ホームズだろう。

コナン・ドイルの筆になる、世界でいちばん有名な小説群の主人公。ロンドンはベーカー街２２

1番地Bの下宿に住み、バイオリンと化学の実験を愛する痩身の男。開業医ワトスン君による尊敬と手記の対象人物。ロンドン警視庁の刑事でさえ解決できない難事件をあっさり解決にみちびいてしまう明察のもちぬし。……あの葉巻や靴の銘柄にくわしい博識家は、当時の鉄道事情にもまた精通していたのだった。

その精通ぶりは、短篇「最後の事件」によくあらわれている。『回想のシャーロック・ホームズ』所収。この短篇が発表されたのは一八九三年、まさにイギリスの鉄道産業が勃興期をすぎて成熟の時代に入ろうとする年だった。

「最後の事件」は、或る意味、読者にいちばん深い印象を残す作品かもしれない。ホームズが滝に落ちて死んでしまうからだ。彼を殺したのは、というか彼もろとも滝に落ちて読者の前から永遠に姿を消したのは、天才的な悪人、モリアーティー教授だった。教授はその半生をかけて同志を集め、悪の組織を構築し、ロンドンの闇の世界に君臨したが、その組織をたったひとりのシャーロック・ホームズに滅ぼされたため、復讐心からホームズの命を狙っているのだった。

逃げるホームズ。

追う教授。

ホームズは親友の医師ワトスン君とともにロンドンを去り、海のむこうのヨーロッパ大陸へ難をのがれようとした。当然、選択すべきは最短距離だ。ロンドン都心のヴィクトリア駅から大陸連絡急行にのりこみ、南東へむかい、港に着いたら連絡船にのりかえる。ドーヴァー＝カレー間はむかしもいまも英仏両国をむすぶ最短航路。ホームズたちは出発した。出発のさい、ヴィクトリア駅ではみごとに教授を出し抜くことができた。教授は駅に取り残されたのだ。

ところが教授もあきらめない。何しろホームズに「第一級の頭脳の持ち主」「犯罪界のナポレオン」とまで言わせた男だ。まかれたと知るや、ただちに臨時便を仕立てた。時刻表にない列車を、自分ひとりのために用意させたのだ。こうして、たった一両の客車を引いた蒸気機関車が、ホームズたちの急行列車のすぐうしろを突っ走ることになる。このままではホームズは港で船にのりかえるとき追いつかれてしまうだろう。

ホームズはそれを読んでいた。どうしたか。途中の駅でおりたのだ。そうして教授の臨時列車をやりすごし（やりすごした場面の挿絵が図3）、別の、南西方面ゆきの列車にのりかえた。この列車の終着はニューヘイヴンという港町だが、そこからもフランス（ディエップ港）ゆきの連絡船が出ているのだ。ただしこちらは最短航路ではない。当初の予定からするとだいぶん長い船の旅を余儀なくされたわけだけれど、とにかくホームズたちの靴はぶじに大陸の地をふむことができた。教授はいまごろ最短航路のカレー港からフランスの陸《おか》にあがり、パリあたりで空しくホームズの姿をさがしているだろう……。

図3　モリアーティーの乗った臨時列車をやりすごすホームズとワトスン。シドニー・パジェット画

じつを言うと、私はこの小説そのものの出来

はいいとは思わない。謎ときの興にとぼしいし、それはまあストーリーの都合上やむを得ないにしろ、かんじんのモリアーティー教授の人物が描けてないのは致命的だと思う。いくら何でも闇の世界に君臨するほどの男なら、それにふさわしい人間的魅力が、あるいは人間的魅力の欠如があるはずなのだ。何回読んでも私はそれを感じられない。

が、それはそれとして、ここのところの推理合戦は文句なしにおもしろい。カーチェイスならぬ鉄道チェイス、最強の棋士ふたりが次の一手を読みあうような緊張感。いったいに逃亡劇というのは結末よりも逃亡の過程のほうが興味を引くものだけれど、ここでも私たちはその過程をぞんぶんに楽しむことができる。もしも作者コナン・ドイルが産業革命後の時代の人でなかったら、こんなシーンはとても成立し得なかっただろう。鉄道というのが馬車や徒歩とちがって単なる乗りものではなく、駅、時刻表、他の乗りものとの乗り継ぎ等を兼ねそなえた一種の「システム」であることも、ホームズの知性をいっそう際立たせているようだ。

いうまでもなく、シャーロック・ホームズはミステリ揺籃期《ようらんき》の名探偵だ。その揺籃期の人がこんなふうに鉄道を利用した。この事実ほど産業革命とミステリの関係の深さを物語るものはないだろう。そんなわけで……などと一足《いっそく》とびに話を進めると、またしても、

「ちょっと待てよ」

と顔をしかめる人があるかもしれない。なるほど産業革命における鉄道の重要性はわかった。鉄道が初期のミステリのなかで高い効果をあげていることも理解した。が、それは結局のところ、題材としておもしろいというレベルにとどまる話なのではないか。題材は題材、しょせん上《うわ》っ面《つら》をな

めたにすぎないだろう。お前はもうちょっと根本的なところへ考えを進める必要があるのではないか。少なくとも当時の社会の構造そのもの、当時の人々の心理そのものにまで踏みこむことをしなければ、産業革命がミステリを生んだという結論はなかなか納得できないだろう。早い話が、こっちは腹の底からわかるようにしてほしいのだ、と。

ごもっとも。

それでは、さらに話を進めよう。

†

その前にひとことと。

「最後の事件」におけるホームズたちの逃走ルートに関しては、松下了平『シャーロック・ホームズの鉄道学』(JTB、二〇〇四年刊)がくわしい。くわしいどころか、当時の鉄道や運河の運行情況では厳密にはホームズの行動が成立し得ないことまで証明してしまっている。著者はシャーロッキアンにして鉄道マニアらしいが、このあたり、現代における両分野の研究の興隆ぶりがうかがえて頼もしい。

†

もうひとこと。

短篇「最後の事件」の最後のところで、シャーロック・ホームズは「滝に落ちて死んだ」と私は述べた。これは厳密には誤りだ。なぜならこの名探偵は、十年後に発表された短篇「空家事件」においてワトスン君の前にふたたび姿をあらわし、ワトスン君を失神させることになるからだ。作者はホームズものの執筆がいやになり、思いきって殺してみたものの、読者からの怒りと失望がすさまじく、とうとう滝から生還させざるを得なかったという。ミステリ好きには広く知られた事実だけれど、ここでは念のため、それ以外の人のために書き添える。

†

繰り返すようだが、私はミステリの発生の話をしたい。

それにはシャーロック・ホームズの死より、むしろ誕生の話をしたほうがいいかもしれない。この名探偵の誕生した作品はいったい何か。

いうまでもない。

『緋色《ひいろ》の研究』だ。

この一八八七年に刊行された第一長篇は、しかし刊行当初、あまり評判にならなかった。三年後の第二長篇『四つの書名』もやはりおなじ。イギリスの読者がこの名探偵をほんとうに熱烈に歓迎するようになったのは、第二長篇刊行の翌年、創刊まもない月刊誌「ストランド・マガジン」に

「ボヘミアの醜聞」以下の短篇が連載されだしてからだった。

そのせいだろう、こんにちでも第一長篇『緋色の研究』を高く評価する人はほとんどいない。事件が起きる前の前置きが長すぎるとか、全篇がざっくり前半と後半にわかれるうち後半がまったく謎ときに寄与していないとか、要するに長い長い仇討《あだう》ち物語にすぎないとか……残念ながら、これらの悪口はおおむね正しいと私も思う。まだまだ作者はミステリを書き慣れていなかったのだろうか、それとも別の理由があるのだろうか、とにかく『緋色の研究』は、ホームズもののなかで最上級の地位を占める作品では決してないのだ。

しかしここに産業革命という一本の補助線を引くと、俄然、おもしろみを増すのもまたこの長篇だった。どこがおもしろいのかは後述するとして、まずはあらすじをおさらいしよう。

ロンドン市内の或る空家で男の死体が発見された。ポケットのなかの数枚の名刺から、彼がアメリカ合衆国から来たドレッバーという名の紳士であることはわかったが、そのほかの現場の情況はわからないことだらけだった。空家のくせに玄関のとびらは開《ひら》きっぱなしだし、死体は外傷がなく毒殺されたらしいのに室内のあちこちに血が飛び散っていた。何より壁にはRACHEという文字が血で書かれていた（この文字の色が長篇の題の由来）。これらはいったい何を意味するのか。

ロンドン警視庁の捜査の結果、この被害者は、数週間前からロンドンに滞在していたことが判明した。しかも単独での滞在ではなく、彼はいつもスタンガスンという男の秘書といっしょだったという。が、この秘書は、殺人事件の発生以来、どこかへ行方をくらましてしまっていた。当然、犯人の第一候補と目《もく》されるわけだが、その秘書もほどなくホテルの一室で死体になっているのが見つかり、犯人さがしは振出しに戻ってしまう。こちらの死因ははっきりと左胸の刺し傷。ナイフか何かで刺されたらしく、部屋中が血だまりになっていたのは第一の事件と大きく異なる点だけれども、ただひとつ共通しているのは、死体の胸にやはりRACHEと血で書かれていたことだった。

ロンドン警視庁のレストレイド警部はすっかり途方に暮れてしまい、ベーカー街のホームズの下宿をおとずれた。ホームズは警部の話をじっくりと聞き、いくつか質問したりもして、どうやら真犯人の目星がついたようだが、しかしその名をなかなか警部に告げようとしない。うっかり告げて警察がごそごそ動いたりしたら、敏感な犯人はすぐに感づくだろう。そうして、

「名前を変えて、たちまち、この大都会の四百万の住民のなかにもぐりこんでしまうだろう」

というのがその理由だった(このホームズのせりふは特にご記憶ねがいたい)。

警部はなおもホームズにつめより、犯人の名を聞き出そうとした。そこへ、ドアのノックの音が聞こえた。ホームズの手下の浮浪児が来たのだ。浮浪児はむさくるしい服を着ており、前髪を手でさわりながら、

「だんな、馬車をつれてきたよ」

「そうか。それじゃあ、この部屋まで上がってくるよう御者《ぎょしゃ》に言ってくれ」

ホームズがそんなふうに命じたので、ほどなく御者があらわれた。とたんにホームズは彼の手に手錠をかけ、そして、

「諸君」彼は目をかがやかせながらさけんだ。「イーノック・ドレッバーとジョウゼフ・スタ

ンガスンとを殺した男、ジェファスン・ホープ君を紹介します」
（阿部知二訳、創元推理文庫、一九六〇年刊）

紹介しますも何も、その御者＝ホープ君はその時点ではじめて登場したのだから刑事も読者もびっくりするほかない。ホームズはいったいどんな推理をしたのだろう。どんな説明をつけるつもりだろう。作者はこうして読者の関心を最大限ひきつけておいて、いきなり長篇の前半をおしまいにしてしまう。このへんの技巧はなかなかのもので、後年の人気作家を予感させるにじゅうぶんだ。

後半は、がらりと変わる。

時代は二十年も前になるし、舞台もアメリカ合衆国へ飛んでしまう。詳述は避けるが、つまりは北米大陸西部の或る荒地《あれち》にモルモン教徒の一大集団が住みつき、ソルトレークシティの街をつくりあげたという実話にもとづく物語だ。彼らの生活はふつうのキリスト教徒とはいろいろ違うところがあるが、何より異様なのは、一夫多妻が公然と認められていることだった。

教団には、ふたりの若い幹部がいた。名前をドレッバーとスタンガスンという。ふたりとももちろん何人もの妻をすでに持っていたけれど、或る日とうとう、別の男と婚約中の娘にまで魔の手をのばした。娘は街を逃げ出したが、むりやり連れ戻され、ドレッバーのほうと結婚させられてしまう。その挙句、精神的に追いつめられ、衰弱死してしまうのだった。

死んだ娘の婚約者は、名前をジェファスン・ホープといった。ホープはふたりの若い幹部を殺そうと決心したが、時すでに遅し、ふたりは教団の内部分裂のあおりを食って、街を出て行ってしまっていた。もちろんホープは追いかける。

追うホープ。

逃げるふたり。

この逃亡劇ないし追跡劇は二十年に及んだ。ふたりは長駆ロシアに逃げ、フランスに逃げ、ロンドンにたどり着いた。追跡者もようやく追いつき、潜伏生活を開始した。すなわちいったん御者の職を得て街にとけこみ、毎日馬車をあやつりつつ機会をうかがったのだ。彼は宿願を果たした。適当な空家へさそいこみ、みごと相手を亡き者にしたのだ……というのが、つまりは冒頭の殺人事件の真相だったわけだ。

なるほど『緋色の事件』は仇討ち物語だった。RACHE《ラッヘ》が「復讐」の意味をもつドイツ語であることは、シャーロック・ホームズには最初からわかっていた。

†

ただしこんにち、モルモン教は一夫多妻制を採用していない。

一八九〇年、連邦政府の強い勧めなどにより廃止した。『緋色の研究』刊行のわずか三年後だが、これは偶然だろう。前述のとおり『緋色の研究』はあまり評判にならなかったし、そもそもアメリカ国内ではそれ以前からこの性的放縦を連想させる習慣に対して倫理的な嫌悪の念が強かったからだ。

　こんにちの目から見ると、コナン・ドイルは、この教団をやや底気味わるく書きすぎているような気がする。やはり常識の徒だったということか。

†

一八〇〇年代末当時、ロンドンには四百万人が住んでいた。

いろいろな本で統計を見ると、あのときホームズが挙げた数字はおおむね正確だったことがわかるし、むしろ過少評価だったかもしれないのだが、それにしても四百万はすごい。パリ（二百五十万）や東京（百万）などは問題にならないし、どころか同時期のスイス一国の人口（三百万）すらしのいでいるのだ。このころロンドンは名実ともに世界一の都市だった。

　しかしながら、一八三一年には百五十万にもみたなかった。もちろんこれでもじゅうぶん大きな数字だけれど、それにしても、ここからわずか五十年余のあいだに二百五十万もふえたというのは尋常ではない。人口爆発もいいところではないか。繰り返すようだが、この五十年はただの五十年ではない。ちょうど産業革命が一段落した前後の五十年であり、ミステリが発生したころの五十年なのだ。見すごすわけにはいかないだろう。この時期のロンドンに、いったい何が起きたのか。

　或る都市の住民の数が増加する原因は、論理的には三つしかない。

1　出生数の増大
2　死亡数の減少
3　他地域からの流入

さしあたり、おもしろいのは1と2だ。当時のロンドンでは生まれる人の数がふえ、死ぬ人の数が減った。市民の生活水準が大幅に向上したのがその原因だ。

何しろ食べものが豊かになった。病院の数も、医者の数もたくさんになった。石鹸《せっけん》で体を洗えば病気が防げるというような近代的な衛生思想が普及したのもこのころだ。近代看護教育の母といわれるフローレンス・ナイチンゲールがクリミア戦争に従軍して陸軍病院に勤務し、衛生状態を徹底的に改善して負傷兵の死亡率を劇的に低からしめたのは、まさしくこの時期なのである。

こういう変化の恩恵を受けるのは、しかしまず負傷兵ではなく子供だった。分娩《ぶんべん》時の母子の生存率は向上したし、病気の罹患《りかん》者はとりわけ幼少年層において減少がいちじるしかった。当時のロンドン市民の平均年齢は、おそらく一時代前よりもかなり低くなっていたのではないか。

『緋色の研究』に出てくる浮浪児は、こういう社会変化のたまものだったのである。ああいう貧しい、むさくるしい少年たちは当時のあの街にはそれこそ掃いて捨てるほどいたと想像される。なぜなら義務教育の制度はまだはじまったばかりで十全に機能していなかったし、逆に、労働者保護の法律はだいぶん整備されて、工場主《ぬし》が児童労働者を雇うのを禁じていたからだ。これを貧しい少年少女の側から見れば、学校には行けない、けれども働き口はないというわけで、彼らに残されたのはただ薄汚いなりをして路地という路地をすばしこく走りまわる日々だけだった。人権無視などと言ってはいけない。とにかく彼らは生きられたのだ。さぞかし生きる力をもてあましていたに違いない。

　こういう豊かな人的資源に、シャーロック・ホームズは目をつけたのだ。彼ら一人のほうが、

「警官十二人よりも役に立つ」

などとうそぶいて少年たちを集め、たわむれにベーカー街少年隊《ストリート・イレギュラーズ》なる名前をつけ、こづかいをやって街のうわさを探らせる。人をさがさせる。なるほど有効な捜査手法であり、有効な児童授産というべきだろう。彼らが貧民街にひそむ外国人の御者を見つけ出し、たくみに誘ってホームズのもとへ連れてくるというあの『緋色の研究』前半最後の劇的な場面は、そんなわけで、当時の読者には、こんにちの私たちが思う以上に説得力があったに違いないのだ。鉄道だけではない。ホームズはここでも産業革命の申し子をしっかり使いこなしていた。

がしかし、特に大切なのは3だろう。

　他地域からの流入。ロンドンで人口爆発が起きた五十年は、まさしく鉄道の、あの産業革命という大きな家の孝行息子の、成長期にも一致するからだ。線路はすでにイングランド全土を網の目のように覆っていたし、速度の点でも値段の点でも鉄道はそれまでより格段に使いやすくなっていた。つまり、人々は汽車に乗ってロンドンに来たのだ。それが人口爆発の最大の原因だった。一八九〇年代に入ると、全イングランドの人口のじつに八人にひとりはロンドン市民ということになる。この人口爆発は、より広い視野で見れば、人口集中にほかならなかったのだ。

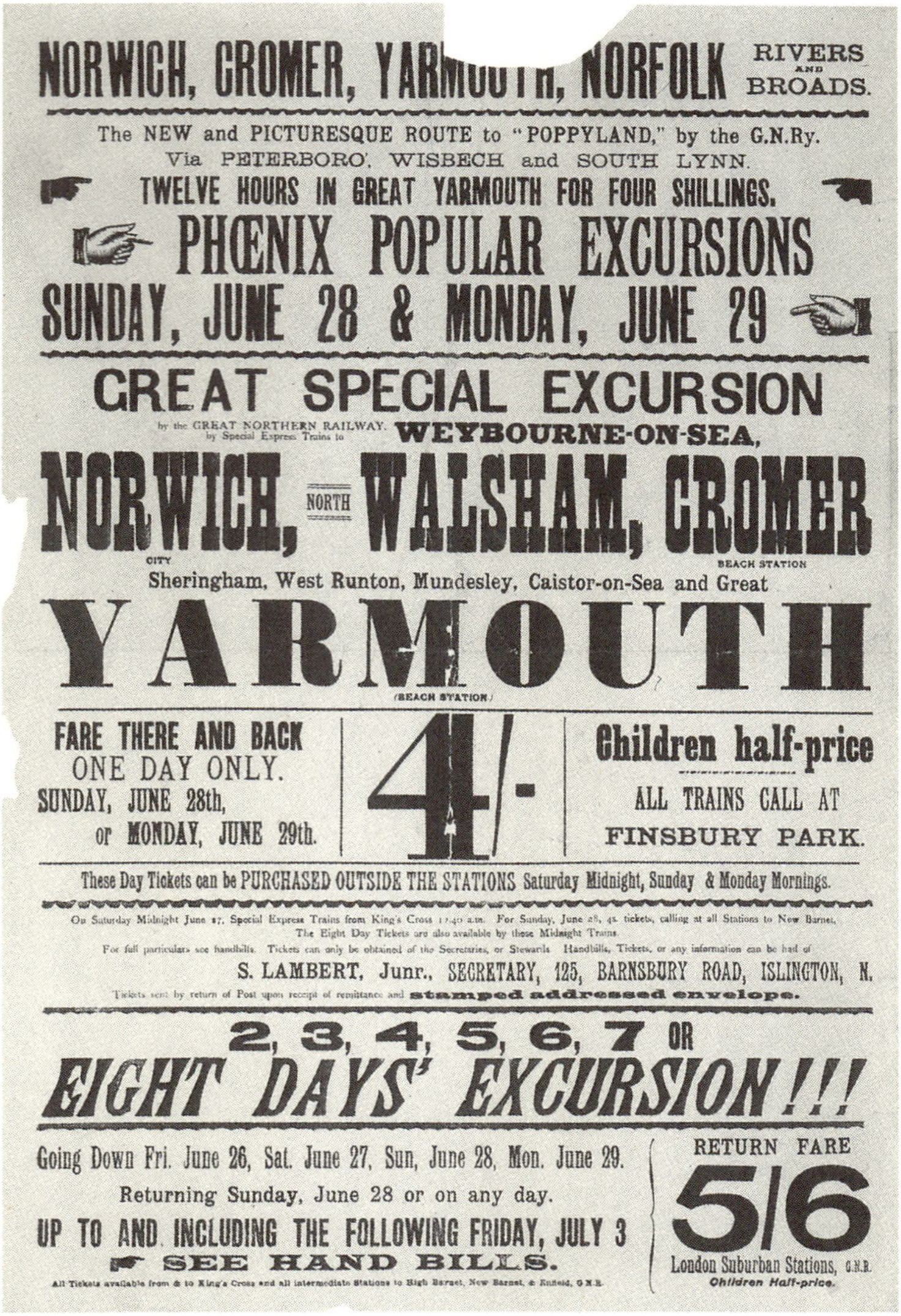

図４　グレート•ノーザン鉄道のポスター(「英国鉄道ポスター展」図録〔1997年〕より)

図5　W・P・フリス「駅」(1862年。ロイヤル・ホロウェイ〔ロンドン大学〕蔵)

逆に言うなら、ロンドンはそれだけ魅力的な場所になっていた。工場が多いから仕事の口も多いし、労賃も高い。お店もいろいろあるので生活必需品の調達も便利であり、またその品物の質がいい。娯楽の面でも刺激的だ。劇場もあるし飲み屋もあるし植物園もある。一八五一年にはハイド・パークで世界最初の万国博覧会がひらかれたが、そこを訪れた六百万の見物客のうち、かなりの数はいわゆる労働者階級の人々だったという。図4は、都会の人々を行楽へと誘う鉄道会社のポスターだ(一八九〇年ころ)。もはや鉄道が一部の金もちの乗りものではなく、単なる移動の手段でもないことがこの一枚でよくわかる。鉄道をチェスの駒さながらに使いこなしたシャーロック・ホームズやモリアーティー教授は、その点で、ちっとも特別な人ではなかったわけだ。

かくしてロンドンには人が集まった。農村から。漁村から。山間《さんかん》の地から。ロンドンばかりではない。マンチェスター、リヴァプール、ブリストル……あっというまに人口はそれぞれ数十万、百万の単位になった。当時の大人気画家フリスの筆になる図5はその象徴的な絵だ。ロンドンはその集まり先のうちの最大の地だったわけだ。

こうなると、都会はどうなるか。

「となりは何をする人ぞ」の社会になる。

何しろ地方出身者の寄せ集めなのだから、住民ひとりひとりの身になれば、隣人がどういう人かわからない。故郷もわからないし、性格もわからない。親の職業も、受けてきた教育も、酒癖《しゅへき》も、信仰のあるなしも、健康か病気かも、何もかもわからない。言葉すら通じないときもあっただろう。文字どおりの赤の他人、気ごころ知れない完全なよそ人《びと》。自分も相手の目におなじように見えるだろう。人口集中の社会とは、まさに「となりは何をする人ぞ」の社会なのだ。

もちろんここでいう隣人とは隣家ないし隣室の住民のみを意味しない。職場の仲間も、店の売り子も、飲み屋で意気投合した客も、およそこの世でふれあった人間みんな含めての人生の隣人を言っている。そこにはもはや地縁やら、血縁やら、多生の縁やら、合縁奇縁《あいえんきえん》やらの幅をきかせる余地はないのだ。

それ以前はちがっていた。農村ならば隣家の家族の為人《ひととなり》はそれこそ三代前から知りつくしていたし、都会でも徒弟制度がしっかりしていたから職人や商人はおたがい手のうちを熟知していた。そこには気づまりだけれど頼りがいもある相見互《あいみたが》いの人間関係がたしかにあった。となりが何をする人かは一目瞭然だったのだ。

それが一気に崩壊した。人はみな孤独になり、ドアに鍵をかけるようになった。身近なコミュニティを軽んじるようになり、また軽んじても生活できるようになった。それはイギリス人が、いや、人類がはじめて経験する孤独の集積にほかならなかったのだ。

こういう社会であればこそ、あの『緋色の研究』のストーリーも成立するのだろう。あの長篇小説はつまりは逃亡劇だった。アメリカ合衆国から脛《すね》に傷もつモルモン教徒がふたり逃げてきたけれど、最後には殺されてしまいましたという話だった。よく考えてみれば、彼らは当時のロンドンでもそうとう異質の人間だったろう。何しろ外国人でモルモン教徒でしかも教団の元幹部なのだから言動も生活習慣もふつうのキリスト教徒とは異なっていたにちがいないし、そもそも職業不詳の中年男がふたりで市中をうろうろしているという情況そのものが不自然きわまりない。英語の発音もさだめし垢抜けしないものだったはずだ。

が、それでもロンドンの住民はふたりに関心を払うことはなかった。ふたりが住んでいた下宿の大家《おおや》のおかみさんですら、ふたりの出自を気にかけた様子はない。自分の娘がふたりのうちの片方にむりやり言い寄られまでしたというのに、おかみさんは「厄介な人だ」という以上の反応を示すことはしなかったのだ。

ひとことで言うなら、ふたりは街から浮いていなかった。だからこそ、ふたりを追ってきた復讐者ホープもいったん街にとけこんで機会をうかがわなければならなかったのだ。また街にとけこむのはロンドンでは容易だった。彼はあっさり御者の仕事が得られたのだから。

私は想像する。

もしもあのモルモン教徒のふたりが逃げこんだのがロンドンではなく北部あたりの寒村だったら。あるいはおなじロンドンでも、三百年前のエリザベス女王の時代だったら。彼らはどこからどう見ても異端異質の外国人であり、もちろん街のうわさになるだろう。どこに身を隠すこともできず、追跡者――これも外国人だ――にあっさり殺されてしまうだろう。そうでなければ、さっさと次の土地へ行ってしまったに違いない。どっちにしろ名探偵の名推理など必要なくなる。ホームズの出番は永遠に来ないのだ。

いや。

もはや話を『緋色の研究』にかぎることはない。

シャーロック・ホームズものの長篇短篇すべてをつらぬく犯罪への興味、ホームズ自身の言葉を借りるなら「犯罪学」それ自体が、まさに「となりは何をする人ぞ」の社会でしか成立しないものなのだ。

隣人が信用できない不安。隣人にどう思われているかわからない不安。孤独の不安。群衆のなかの不安。どんな異分子も街にとけこんで見わけがつかない不安。共通の道徳がない不安。……それらの不安をきれいさっぱり解決してくれる同時代の英雄として都会の読者はホームズを歓迎し、その解決のための理論として彼の犯罪学を拝聴したのだ。つまり隣人を知りたかったのだ。そういえば、ホームズものに出てくる犯人のなかには、見るからに悪人とわかる人物はひとりもいない。彼らはいつも人の山にまぎれている。ホームズの天才とは、つまり街にとけこんだものを日の下にひっぱり出すことの天才にほかならなかったのだ。

産業革命は、いろんなものを生んだ。

ジョン・ケイの飛び杼を生んだ。ワットの蒸気機関を生んだ。工場を生み、鉄道を生み、都会への人口集中を生んだ。そこに住む人々の不安を生んだ。いわば大小さまざまの川を生んだわけだ。それらの川がしだいに集まり、合流し、一本の大河となった先でゆったりと舟を浮かべ、葉巻をくゆらせているのがシャーロック・ホームズその人だった。産業革命はミステリという小説の一分野をも生んだのだ。

†

しかし私は、この講でほとんど宗教に言及しなかった。というか、言及できなかった。長篇、短篇を問わず、ホームズものには宗教の要素はほとんど出てこないからだ。

もちろん『緋色の研究』におけるモルモン教はある。とても重要な要素だ。けれどもあの長篇の目のつけどころは教義よりも教団のほうにあるらしく、具体的な信仰の中身にはほとんど触れていない。もっとも、その教団というやつも大して宗教的ではなかった。『緋色の研究』のなかではモルモン教の教団は、ただ単に、アメリカという常識の通じない国における、常識の通じない集団という程度のごく大ざっぱな性格を与えられているにすぎない。マフィアでも共産党でも話はそれなりに成立するのではないか。

シャーロック・ホームズの宗教観をうかがうに足るせりふとなると、かろうじて思い浮かぶのは短篇「海軍条約事件」あたりか。『回想のシャーロック・ホームズ』所収。

「理論家の手にかかれば、宗教も精密科学さながらに緻密になりうるのです」

にはじまる彼の長広舌は、たしかに一見すると神への理解を示しているようだけれど、よくよく読むと、宗教はふつうの状態では精密でも緻密でもないという否定論にも受け取れてしまう。どうやらホームズは神への理解を示すつもりで、かえって神への無関心をうっかり曝露《ばくろ》してしまったようだ。

この点は、ホームズはあの『時の娘』のグラント警部とおなじ川岸にたたずむ人ともいえる。まずは無宗教の人物なのだ。

†

と言うとき、私はひとつ補足しておかなければならないだろう。作者ドイルがホームズものの推理小説や、『失われた世界』のようなＳＦや、あるいは『白衣の騎士団』のような歴史小説を書くかたわら、心霊学の研究に本気で取り組んでいたことを。有名な話だ。ドイルは決して合理主義一辺倒の人間ではなかった。

しかしながら彼の心霊学は、いちおうのところ、ここでいう宗教とは別のものとしていいと思う。なぜなら、ここでの宗教とは、堅固な教義をもち、信者たちに祈りと献身を強制し、なおかつ彼らのふだんの暮らしにまで目を光らせる組織および思想の総体という意味あいの語だからだ。心霊学のような、超現実へのあこがれを基本としつつも実際のところは個人的かつ地味な研究の連続であるような知的活動の体系とは性格が根本《こんぽん》的に異なるだろう。なおホームズものには心霊学への言及はほとんどない。

†

むかしもいまも、イギリスという国はミステリの一大産地だ。とりわけ初期の黄金時代の作家にはイギリス人が多い。G・K・チェスタトン、F・W・クロフツ、アガサ・クリスティ、ドロシー・L・セイヤーズ……その理由は、いまはもうかんたんに定めることができる。イギリスは世界で最初に産業革命をなしとげた国だからだ。

しかし私たちは、ここで忘れることは許されないだろう。コナン・ドイルはミステリ揺籃期の人ではあっても始祖ではないことを。その始祖はドイルより五十年も前のアメリカ人であることを。しかもそのアメリカ人の筆から生まれた世界最初の名探偵は、アメリカ人でもイギリス人でもなく、フランス人であることを。

その作家の名は、もちろん。

エドガー・アラン・ポー。

その探偵の名は、もちろん。

オーギュスト・デュパン。

これはいったいどういうことなのか。イギリスはどこへ行ってしまったのか。私たちはさっそく彼の作品を読みなおさなければならないが、その作業は、ひょっとしたら、いましがた置き残した宗教の問題にも新たな材料を提供してくれるかもしれない。ポーの作柄《さくがら》は近代というより中世ふうだから。

第三講　イギリス人には書けない「アッシャー家の崩壊」

図6　ウェストミンスター寺院・ヘンリー七世礼拝堂
（『世界美術大全集9』小学館、1995年より）

イギリス建築史には、二種類のゴシックがある。

中世のそれと、近代のそれだ。

そもそもヨーロッパの歴史というのは、ギリシア・ローマの時代から数えたとしても三千年をゆうに超える長さを持つわけだが、その三千年をざっくり三つに割ったときの名がそれぞれ古代、中世、近代だ。こんなのは誰もが知っていることだろう。なかには割る年代をちょこちょこ前後させたがる学者もいるし、わざわざ奴隷制時代、封建制時代、資本主義制時代などという辛気《しんき》くさい名前にしたがる学者もいるけれど、とにかくそのうちの中世と近代が、イギリ

図７　王立裁判所（G・E・ストリート設計。『世界美術大全集 20』小学館、1994 年より）

スではそれぞれゴシックと呼ばれる建築様式を持っているのだ。

もちろん元祖は中世のほうだ。代表はウェストミンスター寺院《アビー》（図６）あたりだろう。このロンドンの中心部にある、歴代国王の戴冠式がおこなわれることで有名なお寺は、またこの国随一の由緒をほこるお寺でもあった。

何しろ建立に手をつけたのが一〇〇〇年代のエドワード懺悔《ざんげ》王なのだし（日本では平安時代）、完成したのは一二六九年、ヘンリー三世のころ（日本では鎌倉時代）。まずは中世のどまんなかと呼んでいいような古い時代に、この教会はたっぷり二百年以上もかけて建てられたのだ。

その外観は、だから中世そのものだ。正面入口の尖頭《せんとう》アーチ、円窓《まるまど》にはめこんだステンド・グラス、鉛筆のような何本もの塔、それらを含んだ建物全体がどこまでも天をめざして背のびをやめない樹木のような成長感。のちの時代の増改築もほどこされているとはいえ、基本はやはり中世建築のお手本のひとつと称してさしつかえないのではないか。ゴシックとは何かと聞かれたら、黙ってこの写真をさしだせばいいのだ。

いっぽう、図7の建物もゴシックだ。正面入口の尖頭アーチ、ステンドグラスの円窓、鉛筆形の塔、のびやかな垂直線の強調と、ことごとくウェストミンスター寺院とおなじ要素をそなえている。遠目には石肌《いしはだ》の色あいも似ているし、場所もおなじロンドンにある。ほとんど兄と弟みたいだ。が、実際のところ、こちらは中世のものではない。そればかりか寺院ですらない。完成年は一八八二年であり（日本では明治時代）、建物の名前は王立裁判所。この建物は、ウェストミンスター寺院とはまったく性格のちがう近代の世俗建築にほかならないのだ。

つまり私は、ここで中世と近代のゴシックをならべたことになる。その結果ありありとわかったのは、要するに、近代のゴシックが中世のそれの単なる模造品だということだった。両者は似ているのではない。片方がもう片方に似せているのだ。

なんだ、まねっこか。

などとがっかりしてはいけない。むしろ私たちは模造品であることに驚かなければならないのだ。なぜか。その理由を述べるには、まずあの産業革命のもろもろを思い出さなければならないだろう。王立裁判所が建てられた一八〇〇年代末という時代においては、ロンドンは、そう、人口四百万を擁する名実ともに世界一の都市だった。

前講でも述べたが、それはシャーロック・ホームズの時代だった。人口はパリや東京はもちろんスイス一国をしのぐほどだったし、鉄道網はひととおり整備されていた。石鹼、洋服、紅茶の葉っぱ……さまざまなものが工場で大量生産されるようになり、市民生活には規格品があふれることになった。ひとことで言うなら、ロンドンは高度な工業化社会の時代に入っていたのだ。

こういう都市では、建築も工業化する。手なれた建築士に図面を引かせ、作業員をおおぜい投入し、ガラスや鉄やコンクリートなどの新材料をたくみに組みあげ、あっというまに一棟《ひとむね》つくりあげては次の棟にとりかかるという機能優先、効率優先の仕事になる。中世の職人たちはウェストミンスター寺院をじっくり、たっぷり二百年もかけて完成させたが、そんな歴史の事実はここでは単なる冗談にすぎない。石鹼、洋服、紅茶の葉っぱ……ほかのあらゆる工業生産品とおなじように、建築物もまた規格品になりはじめたのだ。

ところで。

こんな機能と効率と規格化の時代には、どんな形状の建築物がもっとも適しているだろう。考えるまでもない。箱型《はこがた》だ。いわゆる近代的なビルディング。

何しろそこには縦と横の線しかないのだ。曲線もないし三角もない。出っ張りもなければ引っ込みもない。それだけ工法は単純になるし、材料の種類も少なくてすむだろう。もちろん実際には、玄関まわりを装飾したり、窓の上部をアーチ型にしたりというような装飾がいろいろほどこされるわけだけれど、それもしょせんは細部のこだわり、大局的に見れば箱型は箱型。産業革命以後の歴史においては、無機質こそが理想なのだ。実際、この当時、ロンドンの風景は大きく変わりはじめている。まるで雨後のたけのこのように大小の箱がつぎつぎ生い茂るようになったのだ。

図7の王立裁判所は、こういう時代に建てられた。とんがり屋根、鉛筆の塔、正面入口の尖頭アーチ。さぞかしお金もかかったろう、手間もかかったろう。私たちは、繰り返しになるけれど、この建物が中世ゴシックの模造品であることにむしろ驚かなければならないのだ。近代的なビルディングの時代に、これはいったい何という懐古趣味、何というアナクロニズム！

いや、単なる趣味ではないだろう。いくら王立の建物であろうと、趣味よりももう少し先鋭な主張、もう少し意識的な哲学から出発するのでなければ、八百年も千年も前の建築様式をここまで丁寧にまねられるものではない。どうやら一八〇〇年代末のロンドン市民は、こんにちの私たちが想像するよりもはるかに深く、はるかに痛切に、古いものを必要としていたらしい。彼らはまねすることを選んだのではなく、まねせざるを得なかったのだ。

とすれば、そういう心理の底にあるものは何か。

新しいものへの不安だろう。

彼らは日々新しいものに取り巻かれていた。鉄道や工場はもちろん、デパート、子供服、広告ポスター、新聞、ミシン、医薬品……いやいや、個々の要素なんかどうでもいい。かんじんなのは、彼らの住むロンドンという街そのものが巨大な一個の「新しいもの」と化していたということだ。それは言葉のたいへん正確な意味において人類史上はじめての都市だったし、人類史上はじめての極度に人工的な都市だった。

自然に属するものは、永遠のいのちを持つ。

人間に属するものは、寿命がある。

私たちにはそんな思いこみがある。つねにある。それはそうだよな、季節はどこまでも移り変わるし、人間はぜったいに死ぬもんなというような素朴な実感でありつつ、同時に形而上的な世界観でもあるような圧倒的なかたちで存在する。当時の彼らもそうだった。もしもロンドンが巨大な一個の人工物なら、それはほかのあらゆる人間に属するものとおなじく、やがて寿命をむかえるだろう。むかえるに違いない。そんなふうに考えたのだ。一種の末法思想といえるかもしれない。

その末法思想のあらわれが王立裁判所にほかならなかった。あの壮麗な中世建築の模造品をつくりあげたとき、ロンドンの人々は、現世への不安で胸がいっぱいだっただろう。現世よりも歴史のほうへ目を向けたがっていただろう。だからゴシックを「再建」したのだ。そのさい懐古の対象として中世が選ばれたのは、中世がいちばん現在への——産業革命後の世の中への——痛烈な批判のシンボルになり得るという当時の通念による。中世こそは機械ではなく職人の時代であり、大量生産ではなく手づくりの時代であったと当時はみんなが思っていたわけだ。ちょうど二十一世紀のわれわれもときにそう思うように。

すなわち中世のゴシック建築と産業革命とは対立関係にある。あるいは表裏一体の関係にある。となれば、もしかしたらこの両者の関係はもう百年あまり、さかのぼることができるかもしれない。一七〇〇年代なかばあたりまで行き着けるかもしれない。いうまでもなく、産業革命のそもそものはじまりがそのころだからだ。

産業革命がはじまったからには、ゴシック懐古（ゴシック・リバイバルという）の水源もちょろちょろ流れ出ているだろうというわけだ。

その水は、やがてエドガー・アラン・ポーの川にもなるかもしれない。

†

その前にひとこと。

ゴシック・リバイバルの論客としては、ラスキンやウィリアム・モリスの名がよく挙げられる。いずれも一八〇〇年代イギリスの代表的な評論家であり、第一流の知識人だった。が、これら秀才たちの中世礼讃は、ないし産業革命排撃は、いま読むとあんまり感情的でありすぎる。共感しづらい。こんな稚拙な主張がどうして読者を獲得できたのか、どうして同時代の文明を主導できたのかと首をかしげたくなるほどなのだ。

が、二十一世紀の日本人がどう言おうとも事実は事実。たしかに彼らは読者に歓迎されたし、一流視された。

この現象の謎をとく鍵は、おそらく読者のほうにあるのだろう。読者全体が右に述べたような現世への不安、末法思想的な不安のなかにあったところへ、あたかもガソリンの海に松明《たいまつ》を放りこむようにして、彼らは彼らの主張をぶちこんだのだ。ガソリンと松明のあいだにも相性《あいしょう》がある。よほど相性がよかったのだろう。

してみると評論というのは、どうやら私たちが想像する以上に同時代の精神風俗にしばられる度合いが高いもののようだ。おもしろい逆説だと思う。本来それは「高みからものを言う」言論であり、具体性を欠くことに強みがある、したがって小説や新聞記事などよりもはるかに形而上的な性格が強いはずなのだが。

†

イギリス史には、ウォルポールが三人いる。

三人もだ。私たち外国人には面倒くさいことこの上ないけれど、さしあたり、いちばん有名なのは一七〇〇年代の政治家ロバート・ウォルポールだろうか。ホイッグ党員として勢力をのばし、南海泡沫事件《サウス・シー・バブル》と呼ばれる経済恐慌をたくみに処理したのをきっかけに第一大蔵卿（財務大臣）に就任し、以後この職に二十年あまりもとどまったため、しまいにはイギリスの初代「首相」とまで称されることになった。なるほど初代首相といえば日本なら伊藤博文。有名なのは当然だ。

けれども私がここでとりあげたいのは、その息子のホラス・ウォルポールのほうだった。ホラスも父とおなじく政治をこころざし、おなじくホイッグ党に属したが、しかしこんにち彼の名前が知られているのは、むしろお遊びで書いた『オトラント城』という長篇小説の作者としてだった。『オトラント城』はゴシック小説《ロマンス》の嚆矢とされ、こんにち、どの世界文学事典をひらいても見出しが設けられている。私たちのウォルポールは、初代首相にはなれなかったが、初代のゴシック小説作家になったのだ。

『オトラント城』は一七六四年に発表された。私の手もとには一九七五年刊の平井呈一訳がある。牧神社刊。（ただしこの本では訳題と作者名が少し違う。ホーレス・ウォルポール『オトラント城綺譚』。）さっそく古典鑑賞にとりかかろうか。

正直に言おう。

おもしろくも何ともない。

政治家の余技だからなのか、単なる才能の問題なのか、ストーリーがまったくでたらめなのだ。何しろ話のはじまりからしていきあたりばったりだ。舞台は中世イタリア、オトラント城。その城の城主であるマンフレッド公は、或る日、城内の礼拝堂で長男の結婚式をとりおこなったが、長男はその日、中庭で、巨大な石の兜《かぶと》の下敷きになって死んでいた。石の兜は、城内のまったく別のところにあった先々代の城主の像のものだったのだ。父親は嘆き悲しむかと思いきや、その夜のうちに花嫁の尻を追いかけはじめる。花嫁は逃げる。ひたすら逃げる。その逃亡を助けた百姓はむさくるしい無教養な若者だったけれども、じつは城内でいちばん偉い神父の息子だったことを本人もいまだ知らない……。

訳しぶりのせいもあるだろうが、喜劇というよりドタバタ劇。やたらと騒がしいだけの、ほこりっぽい、荒唐無稽なお話なのだ。ここから何らかの芸術的感銘を受けるのは、氷から熱を受けるよりもむつかしいのではないか。

しかし刊行するやいなや、この小説は評判になった。増刷すらしたほどだ。（作者が第二版のタイトルに新しく「或るゴシック物語」という副題をつけたことが、その後この作品をゴシック小説の嚆矢の地位におしあげる直接の理由になった。）この大成功にはさまざまな事情が考えられるけれども、いちばん大きいのは、そこに古い建物があったことだろう。オトラント城という舞台そのものが中世の城館《キャッスル》だったのはもちろん、その城の内部も、ちょっと近代ではお目にかかれないような雰囲気の場所ばかりだったのが読者の心をつかんだのだ。

そのいい例は、右に紹介した花嫁の逃亡の描写だろう。彼女は破廉恥《はれんち》な義父の手をのがれ、お城の外へ脱出しようとしたのだが、その逃げ道がじつに中世の情緒にあふれていた。彼女はまっくらな地下の回廊をさまよったし、その回廊は天井の一部がくずれ落ちていたし、その天井からさしこむ月光はまっすぐ真鍮の錠前を照らして彼女を新しい場所へとみちびいたのだ。

この小説に対しては、或る時期以降、

「人間よりも建物のほうが魅力的」

というような感想を抱く読者が多かったという。このひとことはすべてを尽くしている。私もこれ以上はもう作品評価の口をひらくことをせず、黙って彼らの列の最後尾につくことにしたいが、その前にひとつ、この結論だけはもういちど確認しておこう。

ホラス・ウォルポール『オトラント城』がゴシック小説の嚆矢であるのは、そこにゴシック建築があるからである。

何という明快な定義だろう。

†

なおイギリス史の三人目のウォルポールは、一九〇〇年代に活躍した小説家ヒュー・ウォルポール。右のふたりとは血縁がない。生涯に四十冊の小説と評論を書いて大流行したというけれど、その作風はゴシックとは関係ないらしい。

†

しかしこの明快な定義は、こんにちの私たちには違和感がある。私たち二十一世紀の読者にとって、ゴシック小説とはまず何よりも、「恐怖小説」だからだ。怪奇小説、ホラー小説などと言いかえてもいい。念のため、手もとの『広辞苑』第六版を引いてみると、

ゴシックしょうせつ【ゴシック小説】中世のゴシック建築の古城や修道院を舞台に恐怖・怪奇の出来事が起こる物語。

と、例によって砂をかむような正確さで記してある。どうやらゴシック小説をゴシック小説たらしめるのは、

1　舞台は中世建築
2　主題は恐怖

のふたつの要素らしい。1については検証ずみとしても、2はいったいどこから来たのだろう。いや、どこから来たとか何とか言う前に、そもそも恐怖ほどゴシック小説から遠いものはないはずだ。なぜなら『オトラント城』はドタバタ劇なのだ。でたらめな、いきあたりばったりの、荒唐無稽なお話なのだ。その『オトラント城』を始祖とする小説の一大ジャンルが、どうして恐怖小説の代名詞であり得るのだろうか。思考を進めるためには、小説もまた新たなものでなければならないだろう。

もっとも、次に読むのは上質な小説でありたい。お口直しではないけれど、もう『オトラント城』のような出たとこ勝負は願いさげだ。上質で、おもしろくて、読みやすくて、できれば古典的価値の高いのがいい。安く買えればなおよし。

などと言うと、

「そんな高望みを」

と顔をしかめられそうだが、しかし私に言わせれば、読者の高望みこそが一国の出版文化の水準をひきあげる最大最強のエネルギーなのであり、高望みしない読者は読者失格。さいわいこの場合には、打ってつけの本が一冊あるのだ。

その本とは、ジェイン・オースティン『ノーサンガー・アビー』（中野康司訳）。ちくま文庫、二〇〇九年刊。

この小説は、しかし中世のお城を舞台にしてはいない。恐怖小説でもない。むしろその正反対だ。それは現代小説（一八〇〇年代の読者にとっての）であり、しかも内容はラブコメ。人畜無害というか何というか、セックス描写を徹底的にぬぐい去った消毒ずみのハーレクイン・ロマンスというおもむきの物語なのだ。

だからあらすじは四、五行で言いつくせる。主人公のキャサリンは十七歳の女の子だ。或る日、慣れないパーティに顔を出したところ、声をかけてくれた若いハンサムな男をたちまち好きになってしまう。男のほうも彼女のことが好きらしいのだが、ふたりのあいだへ横恋慕の別の醜男やら、同性の親友やら、親の思惑やらが割りこんできて、そのつど騒動がまきおこる。愛するふたりは仲を裂かれそうになるけれど、最後にはめでたく結婚することができましたとさ。おしまい。

何という単純さ、何という類型的な展開。けれどもその単純かつ類型的なストーリーがじつに気持ちよく読めるのが『ノーサンガー・アビー』だった。『マンスフィールド・パーク』あたりで挫折して、

「ジェイン・オースティンなんか二度と読まない」

と心に誓った人々も、ぜひこれだけは試してほしい。とにかく予備知識なしで楽しめます。

その証拠に、たとえば以下の会話はどうだろう。主人公キャサリンが親友のイザベラと交わす会話だ。数字をたくみに上げ下げする作者の手腕もさることながら、若い、育ちのいい少女ふたりの

親密ぶりをいきいきと読者へ届ける訳文のよろしさも味わってもらいたいと思う。

ふたりは約束をしてポンプ・ルーム（引用者注・社交のための部屋）で会ったが、イザベラのほうが五分ほど早く着いたので、彼女はキャサリンの顔を見るなりこう言った。

「あなた、なぜこんなに遅くなったの？　私、百年は待ったわよ！」

「あら、ほんとに？　ごめんなさい。でも充分間に合うと思ったの。いまちょうど一時だわ。そんなに長く待ったわけではないでしょ？」

「いいえ、千年は待ったわ！　ほんとに、たっぷり三十分は待ったわ。とにかく向こうへ行って、座ってお話ししましょ。お話ししたいことが山ほどあるの。（中略）でもキャサリン、今日はいままでひとりで何をしていたの？『ユードルフォの謎』を読んでいたの？」

「ええ、今朝起きてからずっと読んでいたの。いまちょうど黒いヴェールのところよ」

「ほんとに？　まあ、すてき！　でも、黒いヴェールのうしろに何があるか、ぜったい教えてあげないわ！　ものすごく知りたいでしょ？」

「ええ、すごく知りたいわ。いったい何かしら？　でも言わないで。言ってもぜったい聞かないわ。たぶん骸骨ね」

この会話に出てくる『ユードルフォの謎』というのは、架空の本ではない。この少し前に世に出ていたアン・ラドクリフ作のゴシック小説の名前だ。こんにちでいう大ベストセラーで、ふだんは小説を読まない人までが熱狂的に読んだという。右の元気な少女ふたりもその例外ではなかったわけだ。

ところで。

ふたりは『ユードルフォの謎』のどこがそんなに気に入ったのか。

右の引用のさらに先を読めばはっきりする。というのもイザベラは、これにつづいて、主人公キャサリンのために『ユードルフォの謎』の次に読むべき小説の題をつぎつぎと挙げてみせるからだ。七冊だったか、八冊だったか。キャサリンはそれを耳にするや否や、興奮のあまり、こう聞き返してしまうのだった。

「それ全部怖い小説なの？　ほんとに全部怖いの？」

われらがロマンスの主人公たちは、ここでゴシック小説＝こわいものと等式にしてしまっているわけだ。もっともゴシック小説という言葉そのものは原文には出てこないが、ふたりの会話の内容から、こんにちの私たちの考えるそれを念頭に置いていることは明らかである。

ということは、もう一つの条件、つまり舞台は中世建築という条件もみたされなければならないが、そのへんのことは、むしろ小説の後半のほうで明らかにされる。

小説も後半にさしかかると、キャサリンはノーサンガー・アビーに滞在することになる。ノーサンガー・アビーというのは恋人である若い男の実家の邸宅の名であり、単に邸宅の名であるにすぎないのだが、彼女はこの由緒ぶかげな名前ひとつで頭がすっかりいかれてしまうのだ。アビー！　アビー！　むかしは寺院建築だったことを示す何よりの証拠ではないか。（さっき掲げた図6の写真がウェストミンスター寺院《アビー》であることを思い出してほしい。）いくら現在はふつうのお屋敷として使われていても、いくら増改築がほどこされているにしても、きっとそれでも中世の遺構がいたるところに見つけられるのに違いない。雰囲気たっぷりの場所なのに違いない。ああ、そんなお屋敷に寝泊まりできるなんて夢みたい。まるでゴシック小説のヒロインになったみたい！　キャサリンのこんな期待ないし妄想は、いざ滞在をはじめるといっそうひどくなる。小説と現実をぐるぐる混同した挙句、とうとう彼女はこんなふうに確信するまでになってしまうのだ。

もしかしたら今朝私は、ティルニー夫人（引用者注・恋人の母）が閉じ込められている部屋のすぐそばを通ったのではないだろうか。夫人が悲惨な幽閉の日々を送っている独居室のすぐそばを通ったのではないだろうか。けっしてあり得ないことではない。なぜなら、いまも修道院の名残りをとどめているあの修道士の独居室が、夫人を幽閉する場所として最適だと思えるからだ。高いアーチ形天井でおおわれた石畳の回廊を通ったとき、無気味な感じがしたが、あのとき将軍（引用者注・恋人の父）が何も説明しないドアがあったのを覚えている。もしかしたらあのドアは、夫人が幽閉されている部屋に通じているのかもしれない。

実際には恋人の母は数年前にちゃんとした病死を遂げており、幽閉どころか、夫や子供たちに手あつく看病された上であの世へ旅立っていたのだった。十七歳の主人公は、身の毛もよだつ……というか、ひとりで勝手に身の毛をよだたせていただけだったのだ。

ここにおいて、あの『広辞苑』が掲げたゴシック小説の二大要件はきれいに並び立ったことになる。

1 舞台は中世建築

2 主題は恐怖

並び立った?

とんでもない。

それは二本の柱のように別々に突っ立っているのではない。おなじ一本の柱の上部と下部だったのだ。

なぜならこの小説の主人公キャサリンにとって、恐怖というものは単独でそこにあるものではない。ゴシック建築という環境を得てはじめて人を襲うものだからだ。右の引用でいうなら「修道士の独居室」だの「高いアーチ形天井で覆われた石畳の回廊」だのいう思わせぶりな舞台装置があってこそ恐怖もようやく生み出されるので、逆に言うなら、舞台がなければ恐怖はないのだ。そう、産業革命以後の世の中においては、まさしく工場がなければ製品が生産され得ないように。

こういうゴシック小説の特質を、おそらく作者ジェイン・オースティンは熟知していた。直感的につかんだのか論理的に理解したのかはわからないが、私にはその両方であるように見える。ひょっとしたらエドガー・アラン・ポーの言う「分析的知性」とはこういう頭のはたらきのことかと一瞬本気で思ってしまうほどの彼女のこんな明察にしっかり裏打ちされているからこそ『ノーサンガー・アビー』は傑作なのであり、読みやすいのであり、単なるラブコメの域をはるかに超えて二十一世紀の私たちを知的に刺激してやまないのだろう。まったく彼女は優れた評論家でもあった。

『ノーサンガー・アビー』は一八〇三年に完成した。

『オトラント城』の約四十年後だ。

この四十年のあいだに、ゴシック小説はなぜ恐怖小説になったのか。なぜ恐怖などという本来ゴシックとは縁もゆかりもないはずの人間的要素がゴシック小説に必要不可欠となったのか。この素朴な疑問に対する答は、こうしてみると、だいぶん明らかになったような気もする。もう一息だ。いっきに追いこんでしまいたいところだが、その前に。

疑問はちょっと置き残すことにして、そろそろポーの本丸にとりかかることにしようか。

†

エドガー・アラン・ポーの「アッシャー家の崩壊」は、もしかすると、世界文学史上もっとも優れたゴシック小説ではないか。

かねがね私はそんな考えを持っているのだが、反対意見は多いだろう。なぜならポーは一八〇〇年代のアメリカ人、文化的にはまだまだ巨大な田舎にすぎなかった国の小説家だからだ。その田舎の小説家に、いくら何でも世界の首都にひとしいイギリスの人々をさしおいて世界一の称号を与えるわけにはいかないだろう。ましてやゴシック小説はイギリス発祥のものなのだ。たしかに世界文学史にはアメリカン・ゴシックという用語もあるけれど、しょせんは「戸越銀座《とごし》」みたいなもの、一種のコピーブランドではないか。

なるほど。

きびしい意見だ。私もしいて反論しないことにしよう。どのみち一番だの二番だのいう明快きわまりない順位づけは、小説という曖昧さが魅力の言語芸術にはふさわしくない。この作品が世界文学史上もっとも優れたゴシック小説であろうがなかろうが、どっちでもいいということにしておこう。

が、そう言った上でなお、私はひとつのことにこだわりたい。「アッシャー家の崩壊」がもっとも効率のいいゴシック小説だということだ。なぜならこの一八三九年に発表された作品は、邦訳でわずか三十ページ足らずという短篇中の短篇でありつつ、そのなかに例のゴシック小説の要件をふたつとも――柱の上下ふたつを――完璧にそなえているからだ。効率がいいという言いかたに問題があるなら、単位面積あたりのゴシック小説度がきわめて高い、と言いかえてもいい。

さっそく確かめることにしよう。以下、引用するのは中公文庫版『ポー作品集』(一九七三年刊)。定評ある丸谷才一訳だ。ただしこの本では、当該短篇の訳題は「アシャー館《やかた》の崩壊」。ほんとうはこちらのほうが原作の語感に忠実なのだろうが、ここでは混乱を避けるため、私の表記はアッシャーおよびアッシャー家で統一することにする。

まずはひとつめ、建物の中世ふう。

主人公の「わたくし」は親友のロデリック・アッシャーに会うため彼の邸宅をおとずれる。出むかえの下男に馬をあずけ（馬で来たのだ）、従者にみちびかれて親友の書斎に通されると、その書斎はこんなところだった。まるで建築事典から引っぱってきたみたいに、「いかにも」なゴシック調であることに注目してほしい。

通された部屋はすこぶる広く、天井も高い。窓々は細長く、さきがとがっていて、黒い樫《かし》の床から遠く隔ったところにあるため、室内からでは手が届かない。格子状のステンド・グラスから、赤く染められた弱々しい光線が射し込んで来るせいで、眼につきやすい品々がくっきりと浮きあがって見える。

次にふたつめ、その建物から生み出される恐怖。

これはもう最後のところを抜くしかないだろう。アッシャー家にはもともと「わたくし」の親友とその双子の妹マデラインのふたりが住んでいたのだが、その妹のほうが「わたくし」の滞在中、病死してしまう。「わたくし」は親友とふたりで彼女の棺《ひつぎ》を運びおろし、邸内の地下室に安置したのだった。ふたりは棺をふたで覆い、しっかりと釘を打った。

その妹が、じつは生きていたのだった。ふだんから彼女はあまりに病弱だったため、兄はてっきり死んだものと思ってしまったのだ。その妹が、棺から自力で脱出したのだろう、とつぜん「わたくし」と兄の前にあらわれる。

巨大で古風な扉の鏡板は、その瞬間、重々しい黒檀の口をゆるやかにあけはじめた。それは吹きこむ疾風の業《わざ》であったが——そのとき扉のそとには、丈《せい》の高いアシャー家のレイディ・マデラインが屍衣をまとって立っていたのである。白い衣裳には血がにじみ、痩せ衰えた体のいたるところには、もがき苦しんだ痕が見える。一瞬、彼女は閾《しきい》のところで身ぶるいしながらよろめいたが——低く呻《うめ》いて、部屋のなかなる兄へと寄りかかり、激しい末期《まつご》の苦悶のうちに押し倒した。

「丈《せい》の高い」というさりげない形容詞がこわさを倍増させている。兄は死んだ。妹もこんどこそ絶命した。こうなったらもうクライマックスまでは一直線だ。「わたくし」が建物の外へ逃げ出すと、戸外には嵐が吹き荒れており、その強風のためアッシャー家の邸宅はゆっくりとくずれはじめる。やがて邸宅はことごとく瓦礫《がれき》となり、ひっそりと沼にのみこまれてしまった……。

こんなふうに「アッシャー家の崩壊」を読みなおすと、もうひとつ、おもしろいことが明らかになる。そこでの恐怖がまたもや「いかにも」だということだ。死んだはずの若い女がとつぜん目の前にあらわれたとか、嵐が吹き荒れたとか、最後に建物そのものが消え去ったとかいう光景はどれもこれも恐怖の見せ場として典型的であり、ほとんど類型的でさえあるだろう。建築事典ならぬ恐怖事典がもしもこの世にあったとしたら、私たちはやはり、これらの描写を、その事典から引っぱってきたようだと思うのではないか。

つまり「アッシャー家の崩壊」には、典型的なゴシック建築があり、典型的な恐怖がある。なおかつそれが三十ページに収まっている。

考えてみれば、これはものすごい凝縮度だ。ほとんど夾雑物がない。水ましもなければ添加物もなし。全体がすなわち精髄であり、精髄がただちに全体であるような……そう、この作品は、純度百パーセントにまで煮つめられたゴシック小説にほかならないのだ。さっき効率がいいとか単位面積あたりのゴシック小説度が高いとか言ったのは、こういうところを指したのだった。

むろん偶然そうなったのではない。ポーの鬼才が意図的にしたのだ。というのも、ポーはそれ以前にさんざんイギリスのゴシック小説を読んでおり、いわば頭脳のタンクにどろどろとした原液をたっぷり備蓄している状態だった。その原液を蒸留し、ぎりぎりまで不純物をとりのぞいて得られた一滴の透明な液体がこの作品というわけなのだ。まるで純粋アルコールのように、という無用の比喩をつい加えたくなるのは、あるいはポーが実生活では重度のアルコール中毒症患者だったことと関係があるのか。

ただポーは、この作品を書くとき、もしかしたら少し不純物をとりのぞきすぎたかもしれない。除去すべきでないものまで除去してしまったかもしれない。なぜならこの短篇では、ゴシック小説に——というかあらゆる歴史小説に——本来不可欠であるはずの手続きがとうとう最後までおこなわれていないからだ。

その手続きとは。

年代と場所の特定。

といっても、もちろん小説なのだから正確厳密な設定を求めはしない。一二八五年、リヴァプール、というようなものでなくても、たとえば年代については、

「一八＊＊年の春」

というように一部を伏字にしてもかまわないし、場所についても、

「南カロライナ州、チャールストンに近いサリヴァン島」

というふうに地図から選んで設定してもいい。実際、こういう設定のしかたはポー自身も好むところだったはずだ。右の文例はそれぞれ彼の「モルグ街の殺人」および「黄金虫」から引いたものなのだから。

ところが「アッシャー家の崩壊」では、この程度の情報すらも読者に示されてはいない。伏字もなければ地名もない。読者はいつのどこの話かまったくわからないまま、馬で来たんだから時代は中世だろう、書斎がゴシック調だから場所はヨーロッパなんだろうと見当をつけて読むしかないのだ。

あの明晰な文体のもちぬしが、これはいったいどうしたことだろう。ポーは不注意をしでかしたのだろうか。いや、そうではない。彼はあえて書かなかった。というか書けなかった。年代も、場所も、彼は明示することができなかったのだ。なぜだろう。

アメリカ建築史には、ゴシックは一種類しかない。

近代のそれしかない。

理由はかんたん。アメリカには中世がないからだ。誰もが学校の教室で習うことだが、あの国の建国神話は一六二〇年にはじまる。イギリスで迫害された清教徒の一団がメイフラワー号という帆船にのりこんで大西洋のむこうの大陸へわたり、ほとんど空手《からて》で植民地づくりに励んだという明晰確実な歴史的事実こそアメリカ合衆国の天地開闢《かいびゃく》にほかならないのだ。実際にはもう少し前から植民はおこなわれていたようだけれど、いずれにせよ、アメリカの歴史はいきなり近代からはじまる。そのことは動かない。

こういう歴史がもたらす不利を、おそらくポーはよく自覚していた。何しろゴシックの歴史のない国でゴシック小説を書こうというのだ。まるで生まれる前の自分の人生を書くようなもので、不利というより不可能だろう。ポーは途方に暮れたのではないか。

その不可能をあえて侵す。アメリカ人のくせにゴシック小説を書き、アメリカ人に読ませようとする。大冒険だ。しかも、さらにややこしいことに、読者のほうは本国イギリス産のそれを読みなれている。ほんもののゴシック建築に関する知識をじゅうぶんすぎるほど持っている。ほかならぬポー自身がそういう読者なのだ。へたに年代や場所を特定したら彼らはかえって違和感を抱いてしまうだろう。リアリティの欠如をかぎつけてしまうだろう。かんじんの恐怖の効果もそれだけ減殺《げんさい》されることになるし、小説そのものの質も落ちる。鋭敏な上にも鋭敏なポーという分析的知性のもちぬしは、そういう危険にあらかじめはっきり気づいていたのだ。だからこそ「アッシャー家の崩壊」においては年代と場所の特定を回避したのであり、その上で、いわば埋め合わせとして、思わせぶりな描写を十重二十重《とえはたえ》にめぐらすことを選んだのだった。馬で来たとか、ステンドグラスの赤い光とか。まったく周到な、というより神経過敏なまでの気配りではないか。

逆に言うなら。

そこまでしてもポーはゴシック小説が書きたかった。

「やれやれ。われながら厄介なことに手をつけたものだ」

と、彼はため息をついたかもしれない。いくらヨーロッパ文明へのあこがれが激しいにしても、何もたかだか小説の一分野の移植のためにこんな苦労をしなくてもよかった。イギリス人に生まれていれば歴史の不在に悩まされることもなかったのに。だいたいなんで中世じゃなければいけないんだ？　よくよく考えてみたら、べつに中世が舞台じゃなくても恐怖はそれだけでじゅうぶん成り立ち得るじゃないか。

ほんとうを言うとポーはそんなに単純ではない。ポー自身、二歳のとき孤児となり、たばこ輸入商ジョン・アランなる人にひきとられて、そのアラン氏の仕事の関係で五年間ロンドンですごしたからだ。ちょうど現代日本でいう小学生にあたる人格形成の五年間。ポーはただ海の向こうからイギリスを指をくわえて見ているだけではなかったのだ。

ロンドンの学校では、成績優秀だったという。

逆にいえば「先進国」イギリスのほとんどの子供がポーよりも凡庸だったわけで、さだめし鼻が高かったろうが、ポーの場合、むしろそういう経験のあることが後年かえって故郷の後進性を過度に意識する原因となったような気がする。ロンドンっ子なんか大したことないが、そのロンドンっ子にすら劣る人間しかアメリカにはいない、というような半絶望の意識というか。すなわちポーのあこがれは、さげすみとコインの裏表をなしている。ずいぶん入り組んだ感情なのだ。

ポーのイギリスへの関心が抽象的というか、文学限定の色あいが濃いのもそのせいだと思われる。ミステリ評論家・作家のジュリアン・シモンズによれば、文壇の著名人となったポーはイギリス文学界との接触を熱烈に希望したけれども、そのくせ実際のイギリス人の生活にはほとんど関心を示さなかったという。住んだことがあるのにだ。

ここまで考えが進んでくると、おのずから、私たちはさっき置き残した疑問を思い出すことになる。

本来ゴシックとは縁もゆかりもないはずの「恐怖」という要素がなぜゴシック小説に不可欠となったのか、というあの素朴な疑問をだ。どうやらポーの嘆きは、私たちをようやくその答へと近づかせてくれたらしい。

年表をもういちど整理しよう。

一七六四年　ホラス・ウォルポール『オトラント城』
一八〇三年　ジェイン・オースティン『ノーサンガー・アビー』（完成）
一八三九年　E・A・ポー「アッシャー家の崩壊」

ここにさらに、前講の、

一八八七年　コナン・ドイル『緋色の研究』

をつけ加えてみよう。こうするとはっきりわかるのは、この百年強のイギリス史が、まさにあの産業革命の発展と軌を一にしているという事実だった。

産業革命は、この講の最初のところでも述べたとおり、人々の生活を大いに便利にした。が、同時に、まさにその便利の故《ゆえ》に人々に不安をも抱かせた。生活があんまり新しくなりすぎることへの不安。あんまり人工的でありすぎることへの不安。前講で述べた「となりは何をする人ぞ」という心細さもそのなかに濃厚にふくまれるのだろう。私はこの講でそれを不器用にも末法思想になぞらえたわけだが、いずれにせよ、こうした現世への不安こそが人々の心をいっぽうでシャーロック・ホームズの犯罪学に向かわせ、もういっぽうで懐古趣味へと向かわせた。すなわち中世へと向かわせ、ついには王立裁判所などというゴシック建築の模造品まで手間ひまかけて打ち立てさせるに至ったのだった。ゴシック・リバイバルという建築史上の運動は、いくら秀才たちが熱を込めて議論を展開しようとも、とどのつまり、工場の煤煙《ばいえん》や蒸気機関車の轟音《ごうおん》から顔をそむけるための体《てい》のいい逃げ口上にすぎなかったような気が私にはする。彼らは歴史へ逃げたのだ。やや象徴的な言いかたをするなら、あの正真正銘の中世ゴシック建築、ウェストミンスター寺院は、近代人にとって、まさしく一種の駆込み寺にほかならなかった。

こういう市民の無意識の欲求に、小説家が鈍感であるはずがない。彼らはさっそく紙の上にゴシック建築をつくりだした。読者に心の避難所を提供しだした。何しろほんものの建築物とは違って土地代も材料費も工賃も施主への賄賂もいらないから、何十棟、何百棟建てようともふところが痛むことはない。これがつまり、

「ゴシック小説《ロマンス》」

と呼ばれる一連の作品の歴史のはじまりだった。

はじめは文字どおり、単に舞台が中世だという意味にすぎなかったが、しかしいつしか、この手の小説には、

「恐怖」

という人間的要素がつけ加えられるのが当たり前となった。その理由はもはや明白だ。小説家のそこでの使命はほかの何よりも読者に安心を与えることだった。現世への不安におののく市民にひとときの慰藉《いしゃ》を提供する、そのいわば誘い水として、彼らは恐怖を描いたのだ。

安心のために恐怖を与える、というのが矛盾でも何でもないことは、読者の身になってみればわかるだろう。さあ、あなたは一八〇〇年のイギリスの読者だ。どきどきしながら自分の部屋へひきこもり、最新のゴシック小説の表紙をひらく。中世への旅のはじまりだ。

あなたは寺院《アビー》のとびらをあける。城館《キャッスル》の跳ね橋をわたる。そこには薄暗い玄関ホールがあるだろう。むやみと長い廊下《ギャラリー》があるだろう。地下へおりれば狭い回廊があるし、その先にはギーッと音を立てて閉まる低い格子戸がある。格子戸をくぐれば、そこは蜘蛛の巣だらけの塔の入口。あっと思

ったときにはもう遅い。ランプの灯りはどこからか吹きこんだ風にあっさり消されてしまった。塔のなかはまっくらだ。あなたは手さぐりで階段をのぼる。螺旋《らせん》階段らしい。何かが足の先にぶつかった。高い窓から月光がさしこむ。身をかがめ、目をこらすと、そこにはこの家の当主の妻の死体が……

何のことはない。

読者はページをめくる手をふるわせつつ、ときにはきゃっと叫びつつ、しかし心の奥底ではこんなふうに考えているはずなのだ。ああよかった、私は近代に生きている。現実の世界はこわくなんかない。

そう。中世的な恐怖がつのればつのるほど、彼らは現世に安心するのだ。実生活の価値を確認すると言ってもいい。近代というのは何と明るい、何と礼儀正しい、何と合理的な世界なんだろう！と。

このへんの心の動きをありありと映し出す一節が、さっきの『ノーサンガー・アビー』にある。あまりにゴシック小説を読みすぎて小説と現実の区別がつかなくなってしまった十七歳の主人公キャサリン・モーランドに対し、とうとう恋人のヘンリーが「目をさませ」と叱りつける、その叱責のせりふがそれだ。近代の人間による近代への信頼の表現として、これ以上つけ加えられるものがあるだろうか。

「ぼくたちが住んでいる国と時代を思い出してください。ぼくたちはイギリス人でキリスト教徒です。あなたの知性と理性と観察能力に相談してごらんなさい。そんなこと（引用者注・前掲ティルニー夫人の幽閉）があり得ると思いますか？　自分のまわりでそんなことが起きると思いますか？　現代の教育を受けた人間に、そんな残虐行為ができると思いますか？　現代の法律が、そんなことを黙認すると思いますか？　今のこの国で、そんな残虐行為が誰にも知られずに行なわれると思いますか？　社交も郵便もこんなに発達し（中略）、道路網と新聞の発達のおかげで、何でも明るみに出てしまう今のこの国で、そんなことがあり得ると思いますか？　ねえ、ミス・モーランド、なぜそんな恐ろしいことを想像したんですか？」

こういうイギリス人たちの過去と現在の往復運動を、あるいは恐怖と安堵の往復運動を、はるか海の向こうで眺めていたアメリカ人がエドガー・アラン・ポーだったわけだ。

大西洋のこっちとあっち。この距離感はとても大切だ。なぜならポーは本国でゴシック小説が消費される現場をいわば望遠鏡でのぞいたにすぎず、そのことがかえって彼にこの小説の一分野の本質を、本質のみを、教えることになったからだ。もちろんポー自身の目のよさも大きいけれど、何といっても、よけいなものがはやばやと狭い視野の外へ追い出されてしまったのが決定的だった。

こういう条件を考えに入れなければ、あの「アッシャー家の崩壊」の高い凝縮度はわからない。純粋アルコールの舌ざわりはわからないような気がする。望遠鏡という道具は、対象をひろびろと面でとらえるというよりは、むしろ小さな一点で突き刺すような視線をその本領とするからだ。ポーは嘆く必要なんかまったくなかった。「アッシャー家の崩壊」は、イギリス人には決して書けない傑作だったのだ。

†

私たちは、ミステリ作家としてのポーを論じるはずだった。世界最初の名探偵オーギュスト・デュパンの生みの親、コナン・ドイルの直接の先輩としてのポーをだ。ゴシック小説などという気味の悪いしろものなんぞ眼中になかったはずなのだ。いったいどこで道をまちがえてしまったのだろう。

ポーの望遠鏡は、イギリスのゴシック小説を学んだ。ゴシック小説がほんとうは中世小説ではないということも学んだし、ほんとうは恐怖よりも安心を与えるものだということも学んだ。その上でそっと望遠鏡を置き、デスクに向かい、万年筆を手にしたのが「アッシャー家の崩壊」だった。

この短篇の結末は、だからとても近代的だ。死んだ女が生き返るという中世的に不可解な現象をこれ見よがしに提示しておきながら、最後にはその兄に、こんなふうに理解可能な説明責任をきちんと果たさせているのだから。

「ぼくの誤りだ。まだ生きているのに埋葬してしまった。妹は自力で棺から脱出して、ぼくの早まった埋葬を責めに来たのだ」

何と明るい、何と礼儀正しい、何と合理的な作者の態度だろう。不可解はこれによって解消し、読者の胸にはすっきりとした理解だけが残る。ここのところを書いたとき、ポーははっきりと中世を捨て、近代を選んだわけだった。先行する多くのゴシック小説作家とおなじように。

捨てられた中世はもはや消え去るしかない。アッシャー家の邸宅がくずれ落ち、ひっそりと沼にのみこまれるのは、だから文学的にも歴史的にも必然だったといえるだろう。不可解な現象‐合理的な解決、という小説の構造そのものが、おのずからこの最後の印象的な破局をみちびき出したのだ。

不可解な現象。

合理的な解決。

この構造は、考えてみれば、ゴシック小説どころかまさにミステリの基本構造でもある。両者は本質的に同一なのだ。異なるところがあるとすれば、それは舞台だけではないか。ゴシック小説の不可解な現象は中世の寺院や城館のなかで起こり、ミステリのそれは同時代の殺人事件の現場で起こる（ポーの時代にはまだ歴史ミステリは存在しない）。そう、私たちは道をまちがえてなんかいなかった。急がば回れ、ちゃんとミステリ作家としてのポーにたどり着いたのだ。

ここまで来れば、ポーの作品のどれが非ミステリでどれがミステリか、などという議論そのものが意味がないことがわかるだろう。彼の、

「アッシャー家の崩壊」

「黄金虫」

「黒猫」

のような非ミステリとされる作品と、

「モルグ街の殺人」

「盗まれた手紙」

「マリー・ロジェの謎」

のようなミステリの祖とされる作品のあいだには、質的な違いは存在しないのだ。どちらもミステリに入れていいし、また入れるのが妥当な態度だろう。もちろん大学のミステリ研究会的な分類学の観点からはいくらでも微細な議論ができるだろうし、それはそれで趣味のたのしさがあるけれど、ふつうの読者はそういう小説形態の研究よりも、むしろ、いつの世も変わらぬ人間心理の探究のほうへ興味を向けるほうがいいと思う。大切なのは小説ではない。人間なのだ。

（と言った直後に何だけれど、もしも誰かがここで「ミステリ」ではなく「探偵小説」という言葉を持ち出したらどうなるか、という疑問はなかなか捨てがたいものがある。何しろ後三者にはオーギュスト・デュパンが出てくるし、前三者には出てこないし、しかし出てこないながらも探偵的な登場人物はいろいろ出たり入ったりするからだ。話はいっきに複雑になり、分類学は紛糾するだろう。大切なのは人間ではない、小説なのだ、と逆に言いきることのできる人には、それはそれで研究の幸福が与えられる。）

もういちど繰り返しておこう。

大切なのは小説ではない。人間だ。だから、不可解な現象‐合理的な解決という小説の構造それ自体はどうでもいい。いや、どうでもいいとまでは言わないけれど、しょせんは二次的な派生物。

かんじんなのはその根源ともいうべき、恐怖‐安堵という人間心理のアップダウンのほうなのだ。それは小説家による読者心理の操作であり、読者による小説家への要望であり、なおかつ両者をひっくるめたこの近代に生きる私たち全員の求めてやまないカタルシスにほかならないのだから。そのカタルシスをきわめて高度に達成し得る小説がつまりはゴシック小説であり、ミステリであるというのが歴史の教えるところだった。

ミステリはこんにち、滔々《とうとう》たる大河をなしている。イギリスでもアメリカでも、ドイツでもフランスでも。もちろん日本や韓国でも。本屋に足をふみ入れれば容易にわかることだろう。その大河をせっせと歩いてさかのぼり、小川《おがわ》になってもさかのぼる。とうとう山の奥のちょろちょろとした湧き水にたどりついたとき、私たちは、それが決して清冽ではないことを見た。むしろ濁り水だろう。ゴシック小説という名をつけられた、大《おお》時代な建物とおどろおどろしい恐怖がとけこんだ濁り水。うまいと思うかまずいと思うかは人それぞれだが、少なくとも生水《なまみず》であることは間違いない。

源流のほとりには、ポーの蒸留機がある。源流から取水《しゅすい》して蒸発と凝縮をくりかえし、透明な水をしたたらせる天才の機械だ。水は見た目にもきれいだし、けっこうすんなりのどを通る。薬効らしきものもあるようだ。ただし用心するほうがいい。彼の機械を通過した水は、いつのまにか純度百パーセントのアルコール液と化しているかもしれませんよ。

第四講 『荒野のホームズ』あこがれのピラミッド

フランク・ロイド・ライトという建築家がいる。

一八六七年、ウィスコンシン州に生まれたアメリカ人であり、二十世紀でもっとも重要な建築家のひとりといわれる。

なるほど、その活躍はめざましかった。まわりの自然との調和を重んじた草原住宅《プレーリーハウス》のかずかず。それ自体が一個の巨大な抽象美術としか言いようのないニューヨークのグッゲンハイム美術館。われわれ日本人には、マヤ文明ふうの濃密きわまる空間を実現した東京日比谷《ひびや》の帝国ホテルがなじみ深いかもしれない。その長い生涯を通じて、質量ともに、彼は圧倒的な仕事をした。

この偉大な建築家を生んだのは、母親の思いこみの激しさだった。

もとをたどれば。

何しろ母親は、まだフランクがお腹のなかにいるときから、

「この子は美しい建物を建てることになります」

と断言したというから迷いがない。彼女の夫は——フランクの父親は——牧師で、インテリで、かなりの音楽好きだったのだから、

「りっぱな学問をすることになります」

とか、

「美しいメロディを奏でることになります」

とでも言うほうが実現可能性が高そうな気がするけれど、ちょっとうらやましくなるほどの決め打ちぶりだ。

しかも出産前に子供部屋まで用意した。いや、そのこと自体はアメリカではむかしもいまも格別めずらしくないけれど、おどろくのは、その部屋の壁に、雑誌から切り抜いた古いイギリス教会建築の木版画をずらりと十枚も貼りつけたことだった。

そのなかには、おそらく例のウェストミンスター寺院の絵もあったのだろう。ずいぶんな早期教育だ。まあ結果として生まれた子供が偉大な建築家になったからいいようなものの、そうでなかったら、むしろ偉大なる教育の失敗例として世界史に語り継がれていたかもしれない。後世の私たちは、はたして彼女の例に倣《なら》うべきかどうか。

話がそれた。私は早期教育の是非を論じたいのではない。芸術的才能における家庭環境の影響の有無を検証しようとしたわけでもない。私はただこう言いたかっただけなのだ。一八〇〇年代のアメリカの教育熱心な母親がわが子のための教材として特別念入りに選ぶくらい、それくらいイギリスの文物というのは当時あこがれの的《まと》だったのだと。

前講で私は、エドガー・アラン・ポーについて述べた。

ポーはヨーロッパ文明にあこがれていた。あこがれが昂じて自分でもイギリスらしいゴシック小説を書こうとした。その学習は大西洋という広大な海をへだてておこなわれたためかえって蒸留され、名作「アッシャー家の崩壊」（一八三九年）のあの異様な凝縮度の高さを生み出すことになった。そんな主旨だった。

むろん、まちがいだったとは思わない。思わないが、もう少していねいに説明するべきだったたという気がいまはしている。この当時、アメリカとイギリスのあいだには一体どれほど文明の差があったのか。どれほど国民啓蒙の度に差があったのか。それをじゅうぶん見ておかないうちは、ポーのあこがれの激しさも肌でわかるようにはならないと思うからだ。

そのためには、スティーヴ・ホッケンスミス『荒野のホームズ』がおもしろい。

邦訳は二〇〇八年（原著二〇〇六年刊）、ハヤカワポケットミステリ。これまでに読んできた堂々たる古典作品とくらべると水もしたたる最新刊といえるだろう。日暮雅通《ひぐらしまさみち》訳だから読みやすいし、一ページに三度はばかばかしいギャグが噴出するし、最後のどんでん返しもなかなかのものだ（ちょっと見破りやすいかな）。私もさんざん楽しんだあとで、さて前講の補足として、このアメリカ産の快作ないし怪作をわが歴史談議のまないたの上に乗せてみることにしよう。そうしてアメリカとイギリスの文明度の差の一端をうかがってみよう。

舞台は、一八〇〇年代末のモンタナ。

建築家フランク・ロイド・ライトの早期教育や「アッシャー家の崩壊」の発表から少しあとのアメリカにおける、もっとも田舎で、もっとも広大で、もっとも非文明的な土地のおはなしだ。

土地だけではない。

†

世界ミステリ史上、これほど非文明的な名探偵もほかにないだろう。

何しろ『荒野のホームズ』の探偵役オールド・レッドは、まったく字が読めないのだ。文盲《もんもう》の殺人犯なら記憶があるけれど、といっても私にはさしあたりルース・レンデル『ロウフィールド館の惨劇』の家政婦ユーニスしか心に浮かばないけれど、犯人をつかまえるほうの人間が文盲というのは聞いたことがない。シャーロック・ホームズが殺人現場にのこるRACHEの文字を手がかりにして犯人をみごと警察へ紹介したあの逸話を思い出すまでもなく、文字情報は探偵にとってきわめて有力な推理の材料だったはずだ。よくもまあ作者ホッケンスミスはこんな奇抜な設定を思いついたものだ。

もっとも、最初のひらめきは別のところにあったのだろう。小説家としての私の見当によれば、作者がはじめに着想したのは、主人公をカウボーイにするということだった。主人公がカウボーイなら小説全体はもちろん西部劇の仕立てになるし、クライマックスは激しい銃撃戦の場面になる。場所はモンタナがいいだろう。農業州らしい風景描写もふんだんに取り入れ、主人公とその仲間には思いっきり馬鹿ばなしをさせて……というような基礎的なプランをひととおり立てたのちに、そうだ、カウボーイなら、

「文盲でもいいじゃないか」

気づいた瞬間、さぞかし作者はうれしかっただろう。日本人なら膝を打ってよろこぶところだ。なぜなら、あらゆる小説家の欲するのは奇抜な設定ではない。奇抜でさらに自然な設定だからだ。なるほど、当時のカウボーイには字の読めないのがたくさんいた。そもそも読むことが役に立つような仕事ではなかったのだ。

カウボーイは、元来、映画のようにかっこいいものではない。なるほど、つば広《ひろ》のテンガロンハットに拍車つきの革ブーツというような特徴ある服装こそ映画そのままだけれども、実際の仕事ときたら、人間よりも牛が相手、まったく単調で不潔なものにすぎなかった。『荒野のホームズ』の主人公たちの生活ぶりから例をとれば、こんな具合だ。

次の週いっぱい、おれたちはずっと焼き印押しを続けた。しまいにはどこを見ても牛の尻に見えてくるぐらいだった。ところが、やっと焼きごてを置いてひと息つける段になったというのに、あまりうれしくはなかった。もう午後も遅い時間で、黒雲がレンガの塀みたいに太陽を隠していたんだ。

それだけではない。彼らの仕事にはつねに事故の危険があった。ほんのちょっと手綱《たづな》さばきを誤って馬から落ちでもしたら、それだけでたちまち生命の危機にみまわれたのだ。いやいや。転落の衝撃による死ではない。その程度ではカウボーイは死なない。それよりはるかに恐ろしいのは、落ちた瞬間、数百頭の牛にふみつぶされる可能性のほうだった。ふみつぶされたら死体はこんなふうになる。

二、三百頭の牛が死体の上でワルツを踊ったようなありさまなうえ、踏みにじられなかった部分はすべてコヨーテに食い散らかされていた。ほんの少し残った肉は、泥にまみれて、テキサス・チリに入れた火の通ってない牛肉の切れ端みたいになっていた。

もちろん『荒野のホームズ』はミステリだから、ほんとうを言うと、これは単なる事故死ではなく、事故死に見せかけた他殺体にほかならないのだが、いずれにしても映画にはこんな悲惨なシーンはなかなか出てこないだろう。カウボーイ cowboy という英語にはよく「牧童」という訳があてられるけれど、そんなわけで、実際はむしろ、

「畜産現場における雇用の不安定な労働者」

くらいのほうが――小説の言葉にはなっていないが――正確かもしれない。同時代のロンドンの最底辺のプロレタリアートよりもさらに低い賃金と生活水準と衛生環境にあえいでいる、それがアメリカ合衆国のこの牛追いたちの残酷な実態にほかならないのだった。

人間だけではない。

建築のほうも、ロンドンとは比べものにならない。

ロンドンには正真正銘のゴシック建築、ウェストミンスター寺院があり、そのまねをした近代の王立裁判所があることは前講でも述べたけれど、アメリカの広大な草原にあるのは、その王立裁判

所よりもさらに安手で不格好で今出来《いまでき》の「ゴシック建築」。すなわち『荒野のホームズ』の主人公たちが毎晩寝泊まりするための建物は、こんなふうに紹介されるのだった。

街道を南へ一時間あまり進むと、なだらかな丘陵や雪をかぶった雑木林とは別のものが目に入るようになってきた。初めは地平線上の点だったのが、歴史の本から抜け出した城のようなものに見えてきて、小塔や尖塔その他の、ごてごて突き出したしろものを備えた姿になった。近くまで行くと、石造りではなくてポンデローサマツとハコヤナギの木材建築だとわかった。

私はポンデローサマツやハコヤナギがどんな木か知らないが、少なくとも、それらがまったく高級な建材ではないことはわかる気がする。これはいい文章だ。文章というものは、わからせるよりも、わかった気にさせるほうが実はむつかしいのだ。

さて。

問題はここからだ。

こんな非文明的、非ヨーロッパ的な環境を設定しておきながら、作者ホッケンスミスは、じつはこの長篇小説にひとつ重要なヨーロッパ的要素を打ち込んでいる。その重要さときたら、これなしには主人公が犯人さがしに夢中になる動機がそもそも成立しなくなるほどなのだが、そのヨーロッパ的要素とは。

シャーロック・ホームズ。

そう。文盲のカウボーイ探偵オールド・レッドは、あのロンドン在住の世界的名探偵の同時代人であり、しかもその事件簿のこよなき愛読者でもあるのだ。

文盲がどうして小説を読めるのか。この設定もおもしろい。オールド・レッドには弟がいたのだ。弟もやっぱりカウボーイで、いまは兄とおなじ農場ではたらいているけれど、おさないころ学校に通わせてもらったおかげで読み書きができるし、けっこう知的な能力もある。そこで毎夜、キャンプファイヤーの火にあたりつつ、兄のために雑誌をひろげて「赤毛連盟」や「緋色の研究」を朗読してやれるので、兄のほうも名探偵になった自分をうっとり夢みることができるのだった。

(どうでもいいことだが、このホッケンスミスという作者名、長ったらしくておぼえづらい。以下勝手に「発起園《ほっきえん》先生」と呼ぶことにする。)

じつを言うと『荒野のホームズ』は、全篇この弟の一人称で語られる。

さっきの「次の週いっぱい、おれたちはずっと焼き印押しを続けた」うんぬんも、弟による説明だったのだ。べつだん何の変哲もないようだけれど、これはうまい。小説技術的に最適の選択だ。ほかの人物の一人称とか、あるいは三人称多視点とかのスタイルでは、この小説はここまで魅力的にはならなかっただろう。読み書きができて知力があるという人物像がいかにも語り手にふさわしいというのもあるけれど、それ以上に、いわば原典であるシャーロック・ホームズの諸篇を思い出させる効果が大きいのだ。そういえば「赤毛連盟」や「緋色の研究」もワトスンという助手による一人称のスタイルだったなあと読者はなかば無意識に思い出すことで、気がつけば、探偵＝カウボーイという本来かなり了解しづらい等式をすんなり頭に入れてしまう。ほとんど先天的にすりこまれてしまう。その効果は説得力に似ているだろう。このあたりは発起園先生、なかなかの芸達者だし、またじゅうぶん原典を研究してもいる。ほんとうにおもしろい馬鹿ばなしは、馬鹿な作者には書けないのだ。

ともあれ、カウボーイは探偵になった。

探偵役の主人公オールド・レッドは、ときに豆のシチューをかきこみながら、ときに「雄《おす》の子牛のタマを取って」去勢牛にする仕事をしながら、海の向こうのシャーロック・ホームズへの尊敬を隠しもしない。

「あの人の言ったことは覚えてるだろう？『具体的な証拠が集まらないうちに推理を進めると大きな過ちをおかすことになる。それが結局は判断を狂わせることになるんだ』ってな」

などと弟に向かってうそぶいたあげく、最後はとうとう、このモンタナの広大な牧場で起きた連続殺人事件をみごと解決にみちびくのだった。

もうおわかりだろう。彼のシャーロック・ホームズに対する尊敬は、そっくりそのまま、当時のアメリカ人全体のイギリス人に対する尊敬なのだ。あこがれなのだ。いっぽうが見わたすかぎりの草原、もういっぽうが人口稠密《ちゅうみつ》な大都会と、環境はこの時代の世界史のいわば両極端に位置するけれど、むしろそれだけに非文明国の国民の、文明国の国民に対する思いはいっそういきいきと読者に伝わる。この点『荒野のホームズ』というタイトルは、まさに作品のすべてをあらわしているといえるかもしれない（原題はHOLMES ON THE RANGEで、rangeはアメリカ英語で「牧場」の意という）。気軽に読めるが、その背後にある歴史の質量はけっこう大きいのだ。

ちょっと待て。

文明度の差の前に、ひとつ忘れてないか？

当時のアメリカとイギリスの関係は、単なる後進国と先進国の関係ではない。じつはそれよりもはるかに重要で、根本的で、この両国にのみ特有で、なおかつ当時もいまも世界の誰もが知っている深刻かつ緊密な関係性がはっきり存在していたはずではなかったか。

植民地と、その宗主国。

もちろん厳密には「旧」がつく。『荒野のホームズ』の年代は基本的に一八九三年、シカゴ万博の年《とし》の設定になっているし、シャーロック・ホームズも同時代の人だけれど、実際のところ、アメリカはそれより百年以上も前（一七八三年）のパリ条約によってイギリス本国から独立している。その後も連邦憲法を制定したり、ジョージ・ワシントンを初代大統領の椅子にすわらせたりと、ひとつひとつ着実に合衆国の体裁がととのえられていたわけだから、あの『荒野のホームズ』のカウボーイどもにとって、自分の国は、知識の上ではあくまでも旧植民地にほかならなかったはずだ。

しかしそれでも――独立から百年以上が経過しても――アメリカ国内にはいまだ古い習慣や制度がいたるところに残っていた。濃厚な植民地色がぬぐえなかった。いくぶん大げさにたとえるなら、できたばかりの、ペンキの色もあざやかなホワイトハウスの写真の背後には、セピア色に色あせた女王陛下の肖像がぼんやり映りこんでいたのだ。

だから彼女の――当時はもちろんヴィクトリア女王だ――おもかげは『荒野のホームズ』のなかにもあらわれている。牧場そのものが、株式会社なのだ。

牧場の正式な名前は「カントルミア大牧場」だが、その経営会社の名前は近代的にも「サセックス土地・畜牛会社」。株主および経営者はすべてイギリス在住のイギリス人だ。めったに現場に来ないけれども全権力をにぎり、全名誉を代表し、全責任を負っているといえばもうおわかりだろう。この構造は、あの宗主国と植民地の関係をそっくり縮小したものになっている。広大な牧場はまるごと一個の植民地、それを治めるのは株主および経営者という名の少人数の貴族というわけだ。

その株主と経営者が、或る日とつぜん馬車であらわれた。

彼らはいわゆる紳士淑女だ。なかにはほんものの公爵様もいる（アメリカには現在にいたるまで爵位というものは存在しない）。もっともアメリカに来るのは生まれてはじめてだし、ましてやカウボーイなる新人類など目にするのははじめてだから、軽蔑と恐怖をつきまぜたような言動が目立つ。さあ、この当時の世界最上層の人々と、世界最下層の連中との出会いはいったいどんなものなのか。彼らの会話はどんなふうに再現されるのか。ここから先はぜひとも『荒野のホームズ』に就いてもらいたい。私はただ、ここで小さな総括をお目にかけるにとどめておく。

当時のアメリカ人の、文明国イギリス人に対するあこがれは、こんな二層構造になっている。

第一層　同時代の旧宗主国に対するあこがれ

第二層　前時代の文明国に対するあこがれ

ピラミッドを想像してもらうといいかもしれない。

ピラミッド形《がた》の平面図のなかに横線が一本ひいてあって、その上のエリアが第一層、下のエリアが第二層。上のほうが心理の表面により近く、下のほうがいわゆる深層心理に近いことになる。あるいは下のほうへ沈むにつれ意識は無意識になっていくと言ったらいいだろうか。

ふりかえれば『荒野のホームズ』で活躍するカウボーイの兄弟には、このピラミッド形があった。少し前の時代のE・A・ポーにもあっただろう。いや、ひょっとしたら、二十一世紀のウォール街をパソコンかかえていそがしく行き来する勇猛果敢なビジネスマンにさえあるかもしれない。もちろん本人たちはそんなこと思いもよらず、自分の心はただの渾沌漠然たるひとつの霧玉《きりだま》だとしか感じないだろうけれど。「あこがれ」とひとくちで言えるような概念も、歴史のブラシで塵《ちり》を払えば、けっして単純ではないということだ。

ところで。

私のここまでの文章には、用語の混乱がある。

いや、もちろん「あこがれ」そのものの語意に混乱はないはずだけれども、そのあこがれの対象が「イギリス文明」だったり「ヨーロッパ文明」だったりしているのだ。

読者のなかには気づいた人もいるだろうし、私自身、気にならなかったわけではないのだが、まあ、面目《めんぼく》ないことながら、両者の区別をはっきりつける機会がないまま論旨だけが先へ先へと進んでしまったというのが実情だった。もちろん本来イギリスとヨーロッパはぜんぜん異なる地域名で——片方がもう片方を完全に含む——、したがってぜんぜん異なる概念名なのだけれども。

しかしいま、区別の機会は来たようだ。

イギリスとヨーロッパ、ふたつの地域の名前を、さっき述べた心理の二層のそれぞれにあてはめてみよう。むろん、ピラミッド形の大枠《おおわく》はそのままにして。

第一層　同時代の旧宗主国＝イギリス帝国に対するあこがれ
第二層　前時代の文明国＝ヨーロッパ諸国に対するあこがれ

こんなふうに整理すると、たとえばポーの精神の或る部分など、あたかも真水《まみず》で洗ったようにはっきりするのではないか。第一層のイギリスに対するあこがれによって彼はゴシック小説ふうの短篇「アッシャー家の崩壊」を書いたのだし、第二層の、それよりもさらに広く古いヨーロッパ一般へのあこがれによって彼はその短篇全体の冒頭にフランス人の詩を引いた。じつに明快な構図ではないか。言い忘れたが「アッシャー家の崩壊」の冒頭には、

心は壁にかけられたリュート
触れたとたんに鳴りさわぐ

というエピグラフが付されているのだ。

この詩の原作者ド・ベランジェは、当時のフランスの二流詩人。率直に言って、こんなもの、私にはむしろ削ってしまうほうが作品全体の純度が高まるような気がするのだが、しかしポーの目には二流だろうと三流だろうとフランス人というだけで引用に値すると見えたのにちがいない。あるいはフランス人というだけで読者は知性のサインを感じると見たのにちがいない。

ところで私は、第二講、『緋色の研究』について述べた講の最後のところで、こんなふうなことを述べた。

「イギリスという国は、ミステリの一大産地だ。それはイギリスが世界で最初に産業革命をなしとげたからだ」

その上で、こんな疑問を呈したのだった。

「しかし世界最初の名探偵はイギリス人ではない。フランス人だ。E・A・ポーの生んだ憂愁にみちた若い紳士、オーギュスト・デュパン。これはどういうことなのか？」

ずいぶん長いことかかったけれど、どうやらようやく答を出すときが来たようだ。ポーが自作の名探偵オーギュスト・デュパンをわざわざフランス人に仕立てたのは、「アッシャー家の崩壊」の冒頭にフランス人の詩を引いたのとおなじ、あの二層構造のうちの第二層目の心理によるものだったのだ。言いかえるなら、汎ヨーロッパ的な文明に対するあこがれの故にこそ、あの世界最初の名探偵はフランス人という設定を与えられたのだった。むろんイギリス人にするという手もあっただろうが（イギリス人もヨーロッパ人である）、あるいはこれは、ゴシックという汎ヨーロッパ的価値観に見合うスケールの大きさをあたえようとしたのかもしれない。少なくとも、パリに実在した犯罪者あがりの警察の密偵フランソワ・ヴィドックの回想録などに触発されたというような直接的な事情ばかりではない気がする。

こうしてみると、このピラミッド形の二層構造、なかなか重宝なものさしのように見える。もちろん万能ではないけれど——歴史に万能のものさしがあると思うのは右に寄っても左に寄っても世界最悪の危険思想だ——、これひとつあれば、ほかにもアメリカ人の書いた小説やアメリカを舞台とした小説がまったく新しい相貌を見せてくれるときがあるだろう。ポーの諸作や『荒野のホームズ』がその恰好の例であることは念を押すまでもないが、それ以外にも、そう、たとえば……第一講でちょっとふれた、イギリス王リチャード三世を愛するあまりその無罪を主張することに熱中する陽気な現代アメリカ人たちの物語『リチャード三世「殺人」事件』あたりも、どうだろう、読みなおす価値がありはしないか。

あるいはまた、逆の効能もある。

アメリカ人のあこがれを逆にイギリス人がどう見ているか、私たちはそれを肌で知ることもできると思う。ここでも私は恰好の例を前にとりあげた。コナン・ドイルというイギリス人の手で書かれた『緋色の研究』は、一面、まさにイギリスから見たアメリカの話といえるのだ。産業革命によって高度な「となりは何をする人ぞ」の社会を実現させたイギリスの首都ロンドンに、海の向こうのアメリカの原始的きわまる集落からモルモン教徒のふたり組が逃げてきて、結局はアメリカ的にあらあらしく大《おお》時代な復讐心のために惨殺されるというあらすじをもつこの中篇小説ほど、当時のイギリス人のアメリカ人に対する軽蔑と恐怖を如実にあらわすものはない。そうして軽蔑や恐怖というのは、まさに「あこがれ」とは一枚のコインの裏おもての関係にある心理ではないか。

この一本のものさしには、こんな使いかたもあるようだ。捕捉として書き足しておく。

†

いや、しかし。

このものさし、補足のための道具で終わらせるのは少々もったいない気がする。

ちょっと論理を敷衍《ふえん》して、機能をさらに高める実験をしようか。敷衍というのはむつかしい言葉だが、のばしたり、広げたりすることだそうだ。のばした先に、もしかしたら何かひとつ新しい歴史の発見があるかもしれない。

注目したいのは、

第一層　同時代の……

第二層　前時代の……

というところだ。これを左へひっぱると、

第三層　さらに古い時代の……

という概念が得られるだろう。つまり時代をさかのぼるわけだ。近代の前の中世、中世の前の古代、古代の前の先史時代……タイムトリップはえんえんとつづく。過去の時間に終わりはない。終わりがない以上、この新しい心理の層は、ほとんど歴史のすべてを対象とするにひとしいことになるだろう。当然、空間的な制約もそこには存在しなくなる。

これをふまえて、整理しなおせば、

第一層　同時代の旧宗主国＝イギリス帝国に対するあこがれ
第二層　前時代の文明国＝ヨーロッパ諸国に対するあこがれ
第三層　古い歴史をもつあらゆる国に対するあこがれ

ということになる。もちろん全体としてのピラミッド形そのものに変わりはないから、ここではその内部をいったんぜんぶ空白にして、あらためて横線を二本ひくことになる。内部は三つのエリアにわかれるだろう。そのうちの上から順に、第一層、第二層、第三層がおさまるわけだ。新しく出現した層は、だから最深層ということになる。

これを文章で言いなおすなら、アメリカ人の――少なくとも一八〇〇年代のアメリカ人の――心理のいちばん深いところには、古い歴史をもつあらゆる国に対するあこがれが暗くひっそり眠って

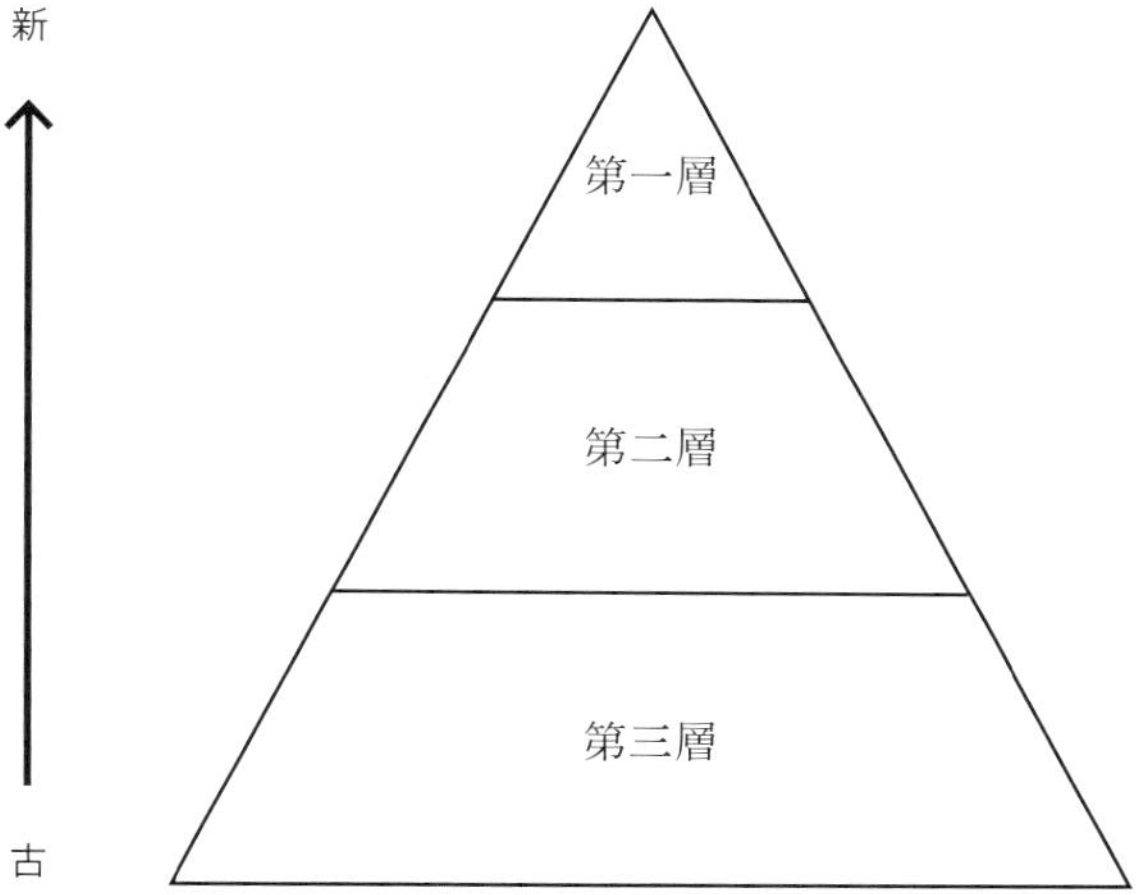

「あこがれ」のピラミッド図

いる、ということだ。ギリシアやローマはもちろんのこと、キリスト降誕の地パレスティナ、巨大王家を擁するエジプト、人類文明発祥の地メソポタミア……これらを対象としたあまりにも広遠かつ茫々とした心理の上に、ようやく、宗主国イギリスだの、汎ヨーロッパだのいう卑近なあこがれが乗っかる。そういうことになるはずだ。

　この構図、なかなかいいと思うのだが。

　何しろ前にも言ったとおり、アメリカ人には近代しかない。彼らは世界でも極端に若い、極端に歴史の浅い国の住民なのだ。その彼らが古い歴史にあこがれるというのは、抽象的な概念よりも先に、素朴に実感でうなずける話のような気がするのだ。もっともこの構図は、これだけではラザフォードにとっての中性子のようなもので、論理的にみちびき出した「あるはずの」存在にすぎない。存在の予言にすぎない。できるなら物理的にそれを発見して、きっぱり予言を現実のものとしたいところだけれども、さて、そんな「論より証拠」みたいな作品が都合よく見つかるかどうか。古い歴史をもつあらゆる国だなんて、いくら何でも話の柄が大きすぎるのではないか。でもまあ、ともかく当たってみよう。

と、こころざしを立てた末。

私はようやく一冊の本を見いだした。アメリカ人作家シオドー・マシスンによる『名探偵群像』という連作短篇集だ。いま私の机の上にあるのは一九六一年刊の創元推理文庫版（原著一九六〇年刊）。邦訳は吉田誠一。

わずか二七一ページの薄い本だが、内蔵する世界は広い。その広さをうかがうため、まずは目次を見てみよう。これはぜひとも全文を、というのは変かな、全部を掲げたい。私見によれば、これは世界ミステリ史における真に独創的な目次の傑作のひとつなのだ。

名探偵クック艦長
名探偵ダニエル・ブーン
名探偵スタンレー、リヴィングストン
名探偵フローレンス・ナイチンゲール

世界中のいろんな地域から、過去のいろんな時代から、よくもまあこれだけ有名人をひっぱりこんで来たなあと、写しながらため息が出てしまう壮観だ。いまでいうイラン人である科学者ウマル・ハイヤームをのぞけばアジア人がひとりもいないのも何かしら特別な感じがする。これら総勢十名の名探偵が、それぞれの土地で、それぞれの時代で、これは作者がこしらえた架空の殺人事件に遭遇するのだ。たとえば第一話のアレクサンダー大王なら、大王を暗殺すべく葡萄酒《ぶどうしゅ》にこっそり毒を入れた裏切り者が宮廷にいる。それはいったい誰なのかを大王自身が追究するという一種のシミュレーションが展開されるのだ。

発想そのものは、決して奇抜ではない。

ミステリ好きで歴史好きの人間なら、むしろ誰もが一度は思いつくことだろう。この作者のほんとうの奇抜さは、その思いつきを果敢にも実現させてしまった粘りづよさにあった。

これについては、すでにエラリー・クイーンが序文のなかで、

「史実と空想を集成する、マシスン氏のまれにみる才能」

に言及しているから私ごときが口をはさむ余地はないけれど、ともあれ歴史的事実をひとつひと

つ丁寧におさえていく地味な地上走破力と、その事実を踏み台にして架空のおはなしを自在にあやつる派手な空中飛翔力、そのふたつを一身にそなえたペガサスみたいな小説家は実際なかなかいるものではないだろう。クイーンの言葉は過褒《かほう》ではないのだ。

こういう才能のもちぬしが、もしイギリスに生まれていたら。

私はそんな空想を禁じ得ない。もしもシオドー・マシスンのイギリス版みたいな小説家がいたら、その人はおそらく『名探偵群像』とは正反対に、或る一国、または或る特定の地域をのみ深く追究するタイプの歴史ミステリを書いたのではないか。ちょうどジョセフィン・テイが『時の娘』を書いたように。あるいはいっそう極端な例では、エリス・ピーターズがイングランドの農業都市シュルーズベリを舞台にした修道士カドフェル・シリーズの長篇をじっくり二十冊も書いたようにだ。

いや、それを言うならアメリカ人もおなじかもしれない。M・D・ポーストは『アブナー伯父の事件簿』で開拓時代のアメリカをあつかった、というか、それ以外の地域をあつかわなかった。どころか『名探偵群像』で世界史をまるごと相手にしたシオドー・マシスン自身すら、翌年に出した長篇『悪魔とベン・フランクリン』では一七三四年のフィラデルフィアの街から探偵役の主人公――若き日のベンジャミン・フランクリン――がただの一歩も外に出ない話をこしらえるありさま。『名探偵群像』は、例外中の例外というべき作品なのだ。ほとんど孤絶しているかもしれない。

が、にもかかわらず、その孤絶した例外がほかならぬアメリカに生まれたという事実にはやはり深い意味があるように思う。アメリカ人の一般にもつ古い歴史へのあこがれが、ないし古い歴史をもつ国へのあこがれが、シオドー・マシスンをこんな世界大のアイディアに走らせたのだし、そのアイディアを粘りづよくも定着させた、ということだろう。あのピラミッド形のものさしをふたたび持ち出すなら、第三層目の偉大な成果。あこがれは無意識に近いものほどスケールの大きな仕事をする、ともいえるかもしれない。

ちなみに言う。右に引いた目次のなかには、アメリカ人の名探偵は、たったひとりしかいない。

†

しかし、これは。

ほんとうにアメリカ合衆国にのみ特有の現象だろうか。

或る国の国民が、ないし或る地域の住民が、みずからの歴史の浅さを認めるが故にかえって世界の古さにあこがれる。かならずしも近代のアメリカ人にかぎった話ではないのではないか。

早い話が、日本はどうだろう。

むかしむかしの千四百年前、いわゆる飛鳥時代の日本人は、まさしく自分たちを歴史の浅い後進の民《たみ》とすすんで認めていたのではなかったか。彼らにとって仰ぐべき先進国とはもちろん中国だっただろう。朝鮮だっただろう。だからこそ当時の日本政府は、国家のいしずえを定める十七条憲法を漢文で作成した。あるいは小野妹子という政府高官を派遣して隋の煬帝《ようだい》に挨拶させた。もっともその挨拶状に、

「日出《ひい》づるところの天子、日没《ぼっ》するところの天子に、このお手紙を……」

などと書いたため、逆に煬帝を、
「蛮夷《ばんい》め」
とご機嫌ななめにさせてしまったことは後進国の外交としては大失敗だったけれど、とにかくそんなわけで、あの西暦一九〇〇年代の『名探偵群像』の作者の世界へのあこがれと、六〇〇年代の聖徳太子の大陸へのあこがれは、ひょっとしたら同質同級のものだったかもしれないのだ。むろん、一八〇〇年代のE・A・ポーのヨーロッパへのあこがれも。

そのイギリスだって、大きな面《つら》ができたものではない。

近代に入ってからこそ偉大なる産業革命を達成し、世界中に植民地を建設して「太陽の沈まない」大英帝国を誇ったけれど、さかのぼれば西暦一〇〇年ころには自分自身がほぼ植民地だった。宗主国はローマ帝国だ。ローマ市民から見ればイギリス人――ただし現在のアングロサクソン系ではなくケルト系のブリトン人――などまさしく北方の蛮夷にすぎなかったろうし、いっぽうのイギリス人自身、みずからを歴史の浅い未開人だと認めざるを得なかっただろう。ひょっとしたら彼らのなかには、後年のアメリカ合衆国におけるカウボーイのような生活水準のきわめて低い畜産労働者もいたかもしれない。いただろう。そうして、或る日とつぜん頑丈な馬車であらわれたローマ人の「お高くとまった」態度をののしったり、逆にローマ人の若い淑女の洗練された身ごなしにうっとりしたかもしれないのだ。

こうしてみると。

どうやらあのピラミッド形の三層構造のものさしには意外と汎用性があるようだ。汎用性と言うとおかしいけれども、要するに世界史のいろいろな地域にあらわれ得る、いろいろな時代にあらわれ得るということだ。歴史はあこがれで成立する。E・A・ポーはその一例にすぎない。

さて。

次はどこへ旅をしよう。

シオドー・マシスンの『名探偵群像』のおかげで、私たちの目はきゅうに近代以前へ向いてしまった。と同時に、英米以外の地域へ向いてしまった。ひょうたんから駒というか、実際、これはけっこう異例のことだろう。なぜなら歴史ミステリというのは、各出版社の出版目録をちょっとながめればわかるとおり、数の上では、古代や中世よりも近代に材をとる作品のほうが圧倒的に多いからだ。なおかつ、地域的にはイギリスおよびアメリカを——特に前者を——舞台とした作品が圧倒的に多い。これは純粋に計数的な事実なのだ。

その近代および英米から、目がはなれる。

これはかなり不安なことだ。親ばなれしようとして空中をよちよち飛びまどう燕の子のような不安だが、どうだろう、ひとつ挑戦してみようではないか。

具体的には、中世イタリア。

いいかげんに選んだわけではない。というのも、いまのうちに確認しておくほうがいいと思うが、この時点で、私たちはひとつ置き残している問題があるのだ。

そう。

例の宗教の問題。

西暦一五〇〇年から一八〇〇年までのあいだに宗教の権威は決定的に失墜した。その失墜のいちばん大きなきっかけは産業革命だが、それは同時に、ミステリという小説の一ジャンルが成立するきっかけにもなった。象徴的に言うならば、産業革命というこのイギリスに端を発した近代社会の大転換は、神を殺し、そのかわりにシャーロック・ホームズを生んだのだ。だから宗教とミステリは相容《あいい》れない……。

私がこれまで述べてきたことを総合すれば、そんなふうになると思う。がしかし、その相容れないはずの宗教とミステリを完璧に融合した奇跡の書が、じつはこの世に存在するのだ。

しかもそれは、ただ単におもしろいとか、よくできているとかいう以上の圧倒的な光を放つ、まさに神業のような一冊であり、刊行直後はもちろん、現在も、そしておそらく未来においても、心ある読者の胸にしっかりと根をおろしつづける一種の聖書にほかならなかった。古典であることを約束された、と言いかえてもいい。

その傑作が中世イタリアを舞台にしているのは、もちろん偶然ではないだろう。何しろその時代、その地域において、宗教の権威は史上もっとも高かった。教会が人間の生活のあらゆる分野を——人々の心のなかまで——支配していた。象徴的に言うなら、そこでは神は死んだどころではない、はたらきざかりの壮年期をむかえていたのだ。

そんな世界で成立し得るミステリとは、いったいどんなものなのか。

†

『名探偵群像』には、瑕瑾《かきん》がないわけではない。

物語の性格上、あるいは連作短篇集というものの特性として、登場人物の数がやや多すぎるのだ。しかもその名前はみな——当たり前だが——カタカナ表記で、英語以外の名前が多い。ちょっと日本の読者にはとっつきにくいのが正直なところだと思う。

が、その程度のことで三舎《さんしや》を避けるのはもったいない。何しろ世界史のピースが寄り集まって、まるでジグソーパズルのようにして一枚の絵を完成させているという点では他のあらゆる作品に似ていないのだ。ホッケンスミスを発起園先生と呼びかえるような頭の操作、自由な日本化もひとつの手段ではあるだろうが、やはりそれでは追っつかない。私は、自分で登場人物表をつくりながら読んだ。

第五講　『薔薇の名前』の登場人物たちの名前

ウンベルト・エーコ『薔薇の名前』(河島英昭訳、東京創元社、一九九〇年刊。原著一九八〇年刊)は、一三〇〇年代イタリアの修道院を舞台にしている。

修道院というのは単なるお寺ではない。なるほどそこでは僧侶たちが共同生活をいとなんでいるし、一日何回という決まりにしたがって祈りをささげてもいる。その点では宗教施設の一種にはちがいないけれども、しかしこんにちの目で見た場合、その最大の特徴はおそらく宗教文化よりもむしろ生活文化のほうにあるのではないか。

何しろ修道院というのは通常、人里はなれた山のなかに設けられる。僧たちは自給自足の生活をしなければならないから、穀物の栽培はもちろん、ワインの醸造、豚の屠殺もみずからの手でおこなうことになる。食べものばかりではない。建物の修繕も、亜麻布《あまぬの》織りも、テーブルや椅子などの家具づくりも……あらゆる衣食住にかかわる特殊技能を自前でまかなっていたという点で、修道院は、教会とか大聖堂とかいう他のキリスト教施設とははっきり種類を異にするのだった。

ひとことで言うなら、修道院というのは、宮廷とならぶ中世ヨーロッパ最大の総合文化センターだったのだ。巨大なものになると、それこそ街ひとつに近い人口と生産規模をほこっただろう。日本史にしいて類似のものを求めるとすれば、それは比叡山や高野山といったようなところかもしれない。

そんなわけだから『薔薇の名前』の修道院のなかで起きる殺人事件も、たいへんバラエティに富んでいる。あるいは生活百般にわたっている。早い話が、最初に殺されたアデルモ・ダ・オートラントは写本に挿絵を書きこむ細密画家《ミニアトーレ》だったし、四番目に殺されたセヴェリーノは薬草係だった。薬草係というのは単なる文献よみではなく、実際に畑の世話をして草をつみ、調合もするし投薬もする。こんにちでいう薬学部の教授と薬局の店長を兼ねたような知識人なのだ。

この連続殺人事件を解決すべく調査にのりだしたのは、よその国からの旅人だった。

旅人の名は、出身地の名を冠して、バスカヴィルのウィリアム。

これだけで、誰もがぴんと来るだろう。バスカヴィルといえば『バスカヴィル家の犬』。数あるシャーロック・ホームズもののなかでも最高傑作と称されることも多いこの長篇小説のタイトルを思い出すのはきわめて容易だ。というか、むしろ思い出さないほうがむつかしいだろう。そのタイトルをあえて探偵役の名に採ることにより、『薔薇の名前』の作者は、いわば、

「こいつは中世のシャーロック・ホームズだぞ」

という宣言を読者に対してしたのだった。

実際、ウィリアム修道士はホームズにきわめてよく似た人物像をあたえられている。わかりやすいのは顔かたちの描写だ。まずはホームズのそれを復習しよう。

彼は容姿風貌からしてすでに、もっともむとんじゃくな人の目をもひかずにはおかないものを持っていた。身長は六フィートとすこしだが、並みはずれにやせているので、じっさいよりよほど高く見えた。目は、さきほどのべた放心状態のときはべつであるが、ふだんは射るようにするどい。そして肉の薄い鷲鼻が、顔ぜんたいの表情に俊敏果断の印象をあたえていた。

その上で、ウィリアム修道士。

ウィリアム修道士の外観には、どれほどうかつな人の目にも看過ごせないものがあった。並の人間より抜きんでた背丈、しかも痩せていたので、実際より高く見えた。目はあくまでも鋭く、見つめると相手を射抜くみたいだった。少し曲がった鉤形の細い鼻、それが師の表情に隙のない気配を与えていた。ただしときたま、著しく弛緩した状態が訪れたが、これについてはいずれ述べることにしよう。

似ているというより、ほとんど一卵性双生児。こうなるとウィリアム修道士の「著しく弛緩した状態」がどんなものかは言われる前から想像できるだろう。ホームズがしばしば――『四つの署名』によれば一日に三度――ベーカー街の部屋で自分の腕にコカインの七パーセント溶液を注射したように、ウィリアム修道士もときおり牧場のはずれで「いつも同じ草」を「呆然とした面持で」嚙みつづけるのだった。

さらには書き手の問題もある。右のホームズの外貌描写はもちろん助手役のワトスンの筆によるという設定だが、いっぽう『薔薇の名前』のウィリアム修道士も、じつは助手役の見習修道士アドソの手によって叙述されているのだった。当然、両者は、

「私が××した」

「私は○○と思った」

という形式の叙述で通すいわゆる一人称小説であることでも共通しているし、ここまで来ればワトスンとアドソの名前の音《おん》がそっくりであることに気づくのも容易だろう。要するに『薔薇の名前』の設計図は、ことごとくシャーロック・ホームズの建築様式を踏襲しているのだ。

もっとも、ウィリアム修道士の人物像がシャーロック・ホームズを下敷きにしていることは従来あまりにも有名で、それこそ日本では翻訳本の刊行前から知る人には知られていた。それはそうだろう。さっきも言ったとおり、バスカヴィルなんて名前を出されたら、むしろホームズを連想しないほうがむつかしいのだから。

が、しかし。

探偵役ではなく、被害者となるとどうだろうか。

こちらに気づく人はあまり多くないようだけれど、修道院内でつぎつぎと起こる殺人事件の最初の犠牲者、写本の細密画家《ミニアトーレ》アデルモ・ダ・オートラントの名は――やはり出身地の名を冠しているが――どこか私たちの耳になつかしく響きはしないだろうか。少なくとも、本書をここまで読んだ人なら別の小説のタイトルを思い出すのに苦労はしないはずなのだが。

そう。

『オトラント城』だ。

イギリスの初代首相ウォルポールの息子が書いたあの小説。世界文学史ではゴシック小説《ロマンス》の嚆矢とされる。ストーリーが最初から最後まででたらめで出たとこ勝負のあの小説。刊行当時は大人気《だい》だったけれども二十一世紀のこんにちでは誰ひとり読む者もないあの『オトラント城』が、あろうことか『薔薇の名前』のなかで静かに息をふきかえしていたのだ。塔から落ちた死人として。最重要の犠牲者として。

この事実を、いったいどう見ればいいのか。

……という疑問に答えるのは、実際、さほど困難なことでもない。何しろ『オトラント城』はゴシック小説の嚆矢なのだから、『バスカヴィル家の犬』をはじめとするシャーロック・ホームズものの長短篇が、ミステリの嚆矢であることとはきれいに対《つい》をなすだろう。つまり『薔薇の名前』には、

1　ゴシック小説
2　ミステリ

のふたつの要素が混在している。いや、混在ではない。これらは二本の太い柱となって『薔薇の名前』の遠大かつ精緻きわまる世界の屋根をがっちりと支えているのだ。

ここで、ひとつ注意すべきことがある。『薔薇の名前』が歴史小説だということだ。その舞台が一三〇〇年代のイタリアであることはE・A・ポー「アッシャー家の崩壊」とはちがって最初から明示されているし、実際『薔薇の名前』のなかのあらゆる風景、あらゆる風俗、あらゆる生活習慣はかなりの程度その時代を再現することに成功している。中世史研究の世界的権威でもあるウンベルト・エーコならではの正確性といえるだろう。

ということは、もしも『薔薇の名前』のなかに、

正面入口の手前には左右に簡素な石柱が立ち並んで、一見しただけでは巨大な拱門《アーチ》を一つ支えているように見えたが、左右の石柱からさらに二つの殺角面が分かれ、それぞれに別個の小さなアーチが載せられているため、視線はそれらの多数の弓形につぎつぎに導かれて、まるで奈落の奥へ吸いこまれてゆくみたいに、暗がりの彼方に見え隠れする本物の正面扉口のほうへ誘われてしまうのだった。(中略)中央の石柱が入口を左右に分割し、それぞれに鋳鉄を打った物々しい樫の木の扉が嵌《は》められていた。

のごとき壮麗な修道院建築の描写があったとしたら、読者はそれをほんものの中世建築、のちの時代の人間が見たのではない正真正銘の中世建築として受け取らなければならないということだ。料理、服装、儀式等もおなじ。『薔薇の名前』は、言葉のかなり厳密な意味において、

「中世小説」にほかならないのだ。

すなわち『薔薇の名前』は、さっきの二本柱をべつな言いかたで言うなら、

1　中世
2　近代

によって成立している。2のほうは「ミステリ」を機械的に置換しただけだけれど、より正確には、

「産業革命後の時代」とするべきかもしれない。ミステリという文芸ジャンルが産業革命以後にしか成立し得ない事情については、すでに第二講でこまごま考えたことを思い出せば足りるはずだ。

ふりかえれば、シャーロック・ホームズは産業革命の申し子だった。鉄道を使いこなし、宗教にまったく興味を示さず、一八〇〇年代末期のロンドンという人口密集地帯にしか存在し得ない「犯罪学」の蘊奥《うんのう》をきわめた、いわば骨の髄まで近代人だった。

その近代人を、もしも一三〇〇年代イタリアの山の奥の修道院などという底の底まで非近代的な環境にほうりこんだらどうなるか。『薔薇の名前』は、そんな途方もない実験の報告書でもあるらしい。

†

念のため、綴りを確かめておこう。
『薔薇の名前』の登場人物は、それぞれ、

・バスカヴィルのウィリアム……Guglielmo da Baskerville
・アドソ（メルクのアドソ）……Adso da Melk
・アデルモ・ダ・オートラント……Adelmo da Otranto

だが、それに対応する固有名詞は、

・『バスカヴィル家の犬』……The Hound of the Baskervilles
・ワトスン博士……Dr. Watson
・『オトラント城』……The Castle of Otranto

やはりバスカヴィルとオトラント（オートラント）は綴りが同一。どちらも実在の地名だった。おなじ綴りの固有名詞でも訳者によって微妙に表記がちがうのは、翻訳書の宿命、やむを得ないところだろう。蛇足ながら英語の人名ウィリアムは、イタリア語ではグリエルモになる。『薔薇の名前』の訳者・河島英昭は、イギリス出身を強調するため、あえて英語名ウィリアムを選んだのだろう。

†

もうひとつ注釈を。

『薔薇の名前』の舞台となる修道院の建物は、右にもその一部を引用したが、よく読むとゴシック建築ではないようだ。

建物全体はあまり背が高くなく、むしろ「大地にどっしりと腰をおろ」した「横幅のある」感じだと書かれているし、入口上部のアーチも尖頭《せんとう》アーチ（ライフルの弾のように尖っている）ではなく単なる半円を伏せたもの。この修道院の建物は、ゴシックの一時代前の、

「ロマネスク」

という様式で建てられている。

実際には、ロマネスクのほうが歴史的事実にかなっている。当時の人里はなれた修道院はこの様式で建てられることが多く、一時代後のゴシックはむしろ都市の内部に建てられる傾向が強かったからだ。このあたり、碩学《せきがく》ウンベルト・エーコにはお手のものの正確な考証というところだろう。

が、私たちの考察はもともと中世という巨大な時間のかたまり自体をターゲットとしている。あ

るいは、その時間のかたまりのなかの人間精神を対象としている。煩瑣《はんさ》な美術論議はかえって追究のさまたげになるだろう。ここはひとまず、ロマネスクもゴシックも中世様式に変わりはないさと大らかにかまえ、先へ進むことにしよう。

†

本講のテーマは、宗教とミステリの融合というものだった。もう少していねいに言うなら、宗教とミステリという本来両立し得ないはずの二大要素は、どうすれば両立するのか。

この難問をとく方法は、いまや明らかになりつつある。

ウィリアム修道士が中世のシャーロック・ホームズなら、彼の人物をもっと研究すればいいわけだ。ウィリアム修道士がどの程度まで宗教的人間であり、どの程度までミステリ的人間であるのか、その配合のぐあいを検証してみる。検証の結果は、おのずから個人を超えた一般原則のようなものにまで昇華されるかもしれない。

さっそくやってみよう。まずは宗教的人間のほうから。

……と意気ごんでみたけれど、実際のところ『薔薇の名前』からウィリアム修道士のこれぞという宗教的言動を引用するのはなかなか困難なことだった。彼が神を信じないから、ではない。その逆なのだ。彼はつねに神への絶対的な帰依を口にしているし、またつねにほかの誰よりもくわしい神学的知識を披瀝《ひれき》している。こちらとしては特定のところを引用できない、というより引用する必要がないのだった。
まあ、これは予想されたことだった。中世の修道院のなかの修道士がつねに宗教的であることは、にんじん畑に植わっているのがにんじんであることと同様あまりにも当たり前の話だからだ。そこで私たちは次の要素、彼がどの程度までミステリ的人間かの検証に移らなければならないのだが、この場合、ミステリ的人間というのは、
探偵的人間
近代的人間
合理性を徹底的に追求する人間
くらいの意味になる。こういう男はさすがに修道院のなかでは目立つから、こちらは特別な言動を引用しやすい。というか、ほとんど枚挙にいとまがない。たとえばウィリアム修道士がこんな持ちものを持っていることは、物語の書き手である見習修道士アドソを大いに狼狽させるのだった。

師は、旅行用の袋のなかに、当時は私などが見たことも聞いたこともなかった道具類を所持していて、これを大切な機械類と称していた。(中略)師は、時計の仕組みや天体観測器や磁石の秘密などを、私に説き明かしてくれた。しかし初めのうち、私はそれらを魔術のように恐れていたので、晴れた夜に師が(奇妙な三角形の道具を手にして)しきりに星座の観測を繰り返していたときなどには、眠っているふりをした。

これら「近代的な」道具のなかで、ウィリアム修道士がことさら気に入っていたのは、めがねだった。一三〇〇年代イタリアにおいては非常にめずらしいこの視力補正器の姿かたちを、碩学エーコはこんなふうに描写する。

ウィリアムは、着ていた袋形の僧服の、胸もとへ両手を差しこみ、何やら取り出した。それはあの旅のあいだじゅう師がいつでも手に握ったり顔にかけたりしていたものだった。金属を蔓《つる》状にたわめて作った道具で、人間の鼻の上に乗せて（師のように尖った鷲鼻の上にはとりわけ都合よくそれは収まった）使うのであるが、あたかも馬上にまたがった騎士のようにも、あるいは止まり木の上の小鳥のようにも、それは見えた。そして金属製の蔓の左右には、眉間の両脇の、左右の目に応じて、二つの金属の輪が卵形にひろがり、そのなかに壜の底みたいに分厚い、透明なアーモンドの種に似た、二個のガラスが入っていた。ウィリアムは文字を読むときに、もっぱらそれを目にかけた。

こう言われれば、私たちはまたもやシャーロック・ホームズを思い出さざるを得ない。あの一八〇〇年代ロンドンの名探偵が使ったのは、めがねではなく虫めがね――阿部知二訳では「拡大鏡」――だったけれど、彼はこの光学機器をはやくも最初の長篇『緋色の研究』のいちばん最初の殺人事件の現場でぞんぶんに利用した。「部屋のなかを音もなくあちこち歩きまわり、ときどき立ちどまったり、またひざまずいたり、一度などは腹ばいになったりした」あげく、ホームズは犯人の性別から体格から、ついには殺害の方法が毒殺であることまで、すっかり見やぶってしまったのだった。

が、ウィリアム修道士は、ここではホームズの追従者ではない。あるいは追従者をはるかに超えた知性的人間である。なるほど彼もめがねをかけて修道院内の本を読む。挿絵をしらべる。そのことによって犯人をじわじわ追いつめていくという点ではホームズとまったくおなじ手法を採っているけれども、しかしこの修道士にとっての、めがねという小道具は、そんな鑑識の手段である以上の、はるかに深刻な思想的意味をもつものだった。

そもそも、めがねとは何か。

「よく見る」ための道具だ。

それを目にかけた人間は能力以上の視力が得られ、対象の事物をこまかく、あざやかに認識することができる。視覚情報を多量に入手できる。しかしこの「よく見る」というのは、考えてみれば、こんにち私たちが、

「自然科学」

と呼ぶあの一連のいとなみのすべての出発点ではなかったか。

自然科学とは自然現象を対象とした学問の総称である、とは誰もが知っていることだけれども、そこでは法則だの、数式だの、分類だのと小むつかしいことを言う前にまず何よりも観察が厳密になされなければならないということも、これまた誰もが知るところだろう。Ａにも見える、Ｂにも見えるというようなあやふやな観察をいくら積み重ねようと、正しい結論は出ないからだ。

近代の遺伝学は、G・J・メンデルというオーストリアの修道士がエンドウマメの生まれかたを精緻に観察したところから出発した。現代の放射線物理学は、A・H・ベクレルというフランスの学者が蛍光物質のふるまいを実験を通して見つめぬいたところから大きく飛翔した。すべてのはじまりは見ることにあるのだ。

そうして自然科学というのは、言うまでもなく、私たちの、近代という時代の成立のための最大の要因のひとつだった。もしも中世を「信じる」時代だとするならば、どうやら近代というのは「見る」時代らしいのだ。

ウィリアム修道士にとってのめがねという道具は、つまり右のような事情を予見するものだった。自然科学という用語自体はもちろん知らなかったし、ましてやそれが近代という時代をかたちづくるなどとは想像もしなかったにちがいないが、しかし「見る」という人間行為の重要性は熟知していて、ほとんど思想にまで高まっていた。その思想の象徴として、めがねほどふさわしい物体は存在しなかったのだ。天文学が望遠鏡の開発から生まれ、衛生学が顕微鏡の開発から生まれたという人類のその後の歴史はたいへん示唆に富んでいる。要するに望遠鏡も顕微鏡も、ものすごく性能のいいめがねなのだ。

ただし。

ウィリアム修道士のこんな斬新な近代思想は、まわりの修道士たちの歓迎するところとはならなかった。

彼らは神を「信じる」ことに身も心も慣らされている、骨の髄までの中世人だったからだ。いったいに信じるというのは未見をむりやり既見に変える心理の強制操作の謂《いい》であり、目の前の事物をありのままに「見る」のとは正反対だから、信じる者と見る者はふつう相容れるはずもない。水と油の関係なのだ。

こういう「信じる」側の人間の代表を『薔薇の名前』のはじめのほうに求めるなら、ニコーラという修道士が適当だろうか。彼はステンドグラスや宝飾物の制作を担当するガラス細工僧であり、本来ならばめがねという道具に対してもっとも理解が深くなければならない立場なのだが、しかし彼はこの〈読書用ガラス目玉〉をはじめて手にするや、戸惑いの色をあらわして、こんなふうに遠慮がちに疑問の念をあらわすのだった。

「大方の人びとからは魔術や妖術の類いだと言われかねないですね……」

これに対し、ウィリアム修道士は、

「もちろん魔法と呼ばれても構わない」

と言い放った。聖職者としてはほとんど暴言である。その上で、

「ただし、魔法には二つの型があるのだ。一つは悪魔の仕業としての魔法であって、口にするのも穢《けが》らわしい仕掛けをとおして、これは人間の破滅を狙う。だが、これとは違う神の御業としての魔法もあるのだ」

神の御業《みわざ》としての魔法、というのは当時としては矛盾にみちみちた言葉だった。ニコーラの耳には善としての悪、白としての黒というふうに聞こえただろう。あるいははっきり、

「詭弁を弄された」

と思ったのではないか。

そのとおり。我らがウィリアム修道士はここで明らかに詭弁を弄した。彼のゆたかな教養、あざやかな推理力、魅力的な人格についつい読者も目をくらまされがちだけれども、冷静に見れば弁護の余地なし。彼はまったく典型的な「鷺《さぎ》を烏《からす》と言いくるめる」論法でその場をしのいだにすぎなかった。

逆に言うなら、こんな詭弁を弄さなければならないほど、それほど彼は自然科学に傾倒していた。あるいは神学から心がはなれていた。かりに一本の直線を横にひいて、左端に神学＝0という目盛りを設け、右端に自然科学＝100という目盛りを打ったとしたら、ウィリアム修道士は60か70あたりをさまよっている感じがする。ほかの修道士はせいぜい20か30だろう。ひとりだけ飛びぬけて異様な立ち位置というほかないが、この立ち位置は、一歩あやまればウィリアム修道士の命を奪いかねない。「反キリスト」の疑いをかけられる恰好の口実になり得るからだ。

反キリスト。

というのは、この時代の修道院では思想傾向の名前ではない。はっきりと罪名だ。それもひとりの人間がおかし得る最高の罪の。

すなわち「反キリスト」の疑いをかけられ、異端の汚名をきせられたが最後。そいつを待っているのは投獄、裁判、拷問、はてはイエス・キリストを弾圧したローマ帝国の当局者すら思いつかなかったような残酷な方法による死刑だというのは、中世の宗教界の常識だった。

ウィリアム修道士は、わが身をまもらなければならない。さらなる詭弁を弄さなければならない。言いかえるなら、自然科学というものが反キリストでも異端でもないことを論理的に――つまり神学的に――証明してみせなければならないのだが、その論理的な証明のうち、もっとも完璧なのは次のせりふだった。

これは何度でも強調するが、まったく完璧な論理なのだ。ウィリアム修道士はまず、愛すべき見習修道士アドソに対してこんなふうに前置きする。(山形カッコのなかのカタカナ文はラテン語で書かれた古典からの引用を示す。この場合はたぶん、前世紀のイギリスの神学者ロジャー・ベーコンの説を援用しているのだろう。)

「人はやがて自然の力を用いて航海のための装置を造りあげ、船舶は〈人ノ力ノ支配ニヨッテノミ〉進むことができるようになるであろう、帆や櫂《かい》で進むよりもはるかに迅速に航行できるようになり、さらには地上を走る車も別種のものになるであろう」

これはもちろん自然科学を礼讃している。というか、神に対して挑戦している。船が人の支配によってのみ進むというのは、言葉をかえれば、神の力によっては進まないということだからだ。しかしながら、こんな毒性の強すぎる発言は、つづくせりふによって瞬時に、劇的に、無毒化されるのだった。

「言っておくが、神は何よりもそのような事物の存在を望んでおられるのだ。それらが神慮のうちにすでにあることは疑いを入れない（中略）。なぜなら、わたしたちには神の性格が決定できるからではなく、そこに何らの限界をも設けることができないからだ」

まったくうまいことを言ったものだ。自然科学もまた神の産物とは。これで納得しない修道士があったなら、ウィリアム修道士はそれこそ逆に「反キリスト」のレッテルをつきつけてやれる。詭弁もここまで来ると不磨の哲理に近いだろう。もしかしたら読者はこの短いせりふのなかに、本講のテーマ、宗教とミステリはどうすれば両立するのかというあの困難きわまる疑問に対する最善の答をさえ見いだすかもしれない。少なくとも、私はその衝動に駆られなかったと言ったら嘘になる。よく考えればウィリアム修道士はここで何かを両立させたわけではなく、ただ単に、世間の常識にしたがって、宗教の下に自然科学を置いてみせたにすぎないのだが。

とはいえ、ウィリアム修道士はけっして無神論者ではない。

神を否定もしていないし、神に対して無関心なわけでもない。何といっても彼はひとりの聖職者なのだし、誰よりも豊富な神学的知識のもちぬしだったのだ。

そもそも彼が『薔薇の名前』の舞台となる修道院をおとずれたのも、或る深刻な宗教問題の解決のためだった。殺人事件の解決のためではなかったのだ。宗教とミステリが両立する条件をさぐるためには、このへんのところをもう少しじっくり吟味する必要があるだろう。

言いかえるなら宗教人としてのウィリアム修道士の再検証だが、しかしこの仕事は、それはそれで手数《てかず》がかかりそうだ。何しろその深刻な「宗教問題」というやつは大規模かつ複雑怪奇、全ヨーロッパに簇生《そうせい》する諸派いりみだれての政争というより泥仕合の様相を呈しているのだし、それを何とか一定の方向へまとめあげようと努力するウィリアム修道士はしかし一定どころか波瀾万丈の経歴のもちぬしだった。特にこの経歴のもつ意味は大きい。彼をこんにち見るような60度から70度の自然科学的、非宗教的、シャーロック・ホームズ的人間にしたてあげたのは、意外なことに、彼の宗教人としての過去だったのだ。

講をあらためて検討しよう。

†

念のため言っておくけれども、私はいわゆる深読みをする気はない。

深読みというのは妄想癖の強い読者か、みえっぱりの読者か、そうでなければ職業的にむりやり新解釈をひねり出さなければならない学者や評論家のすることであって、ふつうの読者がすることではないと思っている。私たちふつうの読者は、ふつうに本文を読めばいいのだ。

ところがここで厄介なのは、世界ミステリ史上『薔薇の名前』ほど作者自身がすすんで深読みを読者に期待している本はないという事実だった。期待というか、ほとんど強要に近いかもしれない。もともと作者ウンベルト・エーコが小説家である前に、中世史研究の世界的権威であることはすでに述べた。しかし彼の中世史というのは、卒業論文のテーマが神学者トマス・アクィナスであることからもわかるとおり、史学というよりは哲学にかたむいている。もう少していねいに言うなら、美術に対する哲学的な分析にということろか。

その哲学的な分析にさいして、彼がもっとも有力な武器としたのは、

「記号論」

という名刀だった。

記号論というのは、原理的には人間世界のあらゆる分野に応用できることを特長としているが、文学作品を対象とした場合には、まずそこに書きつけられた無数の言葉をビスケットのようにばらばらに砕くところから作業をはじめる。その砕いたひとつひとつが何を象徴しているか、何の喩《たと》えであるかをじゅうぶん考えぬいた上、さてそれらの象徴ないし喩えを再統合する作業のなかから新しい解釈をさぐり出そうとする学問ないし読書法なのだ。

その記号論の世界的権威でもあるということは、エーコは要するに深読みの世界的権威ということだ。実際『薔薇の名前』という書名にしてからがもう読者を無限の迷いへさそいこむ体《てい》のものなので——本文中に薔薇の花はただの一度も出てこない——、私としては、正直、やや戸惑いを感じないわけにはいかないのだ。今回ばかりは、私たちは、ふつうの読者であることが許されないのではないか。

がしかし、ここは「それはそれ」ということにしておこう。ふつうの読者でありつづけよう。読者がいちいち作者の期待にこたえる義務はないのだし、それに実際、世間に広くおこなわれている『薔薇の名前』の記号論的分析なるものの大半はまあ知らなくても読解にはいっこう差し支えないものばかりだからだ。

どうしてそんな無惨なことになるのか、私などにはよくわからないけれど、あるいはみなさん煩瑣なシンボル論議にあまりにも精魂をかたむけすぎて、かえって木を見て森を見ずの弊におちいっているのではないか。だいたいご本尊であるウンベルト・エーコがもう、たとえば『薔薇の名前』の八年後に書いた『フーコーの振り子』あたりでは彼自身まんまと罠にはまってしまった感じがする。あれは細部以外に何もない小説だった。ばらばらに砕かれたビスケットは、ビスケットの味がしないのである。

ということは、ふつうの読者の出る幕もじゅうぶんあるということだ。私たちは私たちの読みかたで行こう。目の前の事物をありのままに「見る」ことが重要なのは、何も自然科学だけではないのだから。

第六講　『薔薇の名前』宗教裁判に勝つ方法

ローマ法王は、つねにローマにいたわけではない。

西暦一三〇九年から一三七七年までの約七十年間、フランスの、

「アヴィニヨン」

という街にいた。地中海に面したマルセイユから少し内陸へ入ったところ。大げさに言うなら、フランスでもっともイタリアに近い場所だ。こんにちもユネスコの世界遺産に登録された法王庁宮殿がのこっていて、世界中の観光客をむかえ入れている。

この地にはじめて法王庁を置いたのは、法王クレメンス五世だった。

彼はなぜローマを離れたのか。歴史の教科書や観光ガイドは、

「政争を避けた」

というあたりさわりのない説明をしていることが多いけれども、実際はまあ法王がフランス王に負けたわけだ。フランス王との政争にやぶれたからこそ敵国の勢力圏内へすすんで身柄を移し、その監督下に置かれることに甘んじた。この事件がアヴィニヨンへの「遷都」ではなく「捕囚」だとよく言われるのも、そのへんの事情を法王庁の側から見た見かたなのにちがいない。言いだしたの

は『カンツォニエーレ』の詩人ペトラルカだというが、そういえば彼には聖職に就いた時期があった。

政争の原因は、お金だった。

元来、西ヨーロッパの教会や修道院というのは、フランスにあろうがポルトガルにあろうが、あがりが出ればその上前はローマ法王庁がはねる決まりになっている。すべての喜捨はローマに通ず、ということになるかもしれない。逆に言うなら法王庁は、広大なヨーロッパ中のいたるところに集金のための出先機関をもっていることにもなるのだが、その集金機関への課税をフランス王がおこなおうとしたのがそもそもの事のはじまりだった。フランス国内の施設からフランス王が税金をとって何が悪い、というわけだ。法王庁にとっては既得権益の横取りである。

この挑戦をまっこうから受けて立ったのが、ボニファティウス八世。法王庁を移転したクレメンス五世の先々代にあたる、性格の激しい老法王だった。

ちょっと激しすぎたかもしれない。モンタネッリ／ジェルヴァーゾ『ルネサンスの歴史』（藤沢道郎訳、中公文庫、一九七九年刊。原著一九五七年刊）という愉快な上下巻の本によれば、或る神父がイエス・キリストの助けを乞うて祈りをいっしんに捧げているのを見ると、この老法王は腹を立てて、

「阿呆、うつけ！　イエスは我らと同じただの人よ。我が身さえよう救わなんだ男が、他人のために何をしてくれようぞ！」

とどなったという。別のときには「断食の日に六種類しか料理を出さなかったといって料理人を叱責した」こともあるし、気に入らない外国使節が来たときには「顔を蹴り上げ、鼻血を噴き出させ」すらしたという。どこまで信じていいのかわからないけれど、ともかくも、なみの俗人よりよほど俗な人物だったことはたしかなようだ。藤沢道郎の訳文はほんとうに生き生きしている。

逆に言えば、こういう型やぶりな法王だからこそフランス王と対峙して一歩もひくことがなかったので、彼の死後、法王庁はきゅうに火が消えたようになる。外交的な戦闘能力がなくなってしまう。その結果が、つまり次々代のクレメンス五世の時代におけるアヴィニヨンへの「捕囚」なのだった。前代未聞の椿事というほかない。

ローマ法王は、ローマから身をひきはがされた。

以後、法王庁の政策がのきなみフランス寄りになるのは自然のいきおいだった。税金のとりかた、聖職者の人事、教義の解釈……あらゆる問題において法王庁はフランスの主張を優先させ、他国のそれを二の次にした。ときには一心同体の感すらあった。こうなると他国の王は黙っていない。それでなくても法王庁をひとつ誘致しただけで全ヨーロッパから金穀、人材、宝飾品がごっそりとフランスへ大河のように流れこむぶん、他国はわりを食っているのだ。事態がこのまま推移すれば、フランス一国が強大化し、ほかがすべて弱体化する。力の均衡がみだれることは、ヨーロッパ史がつねにもっとも嫌うところなのだ。

とりわけ深刻に緊張したのは、地つづきの隣国ドイツだった（当時の名称は神聖ローマ帝国）。

郵便はがき

料金受取人払郵便

神田局承認

1325

差出有効期間
平成28年６月
15日まで

101-8791

514

千代田区神田小川町３―12
岩崎ビル２Ｆ

幻《げん》戯《き》書房

愛読者カード係　行

書籍ご注文欄

お支払いは、本といっしょに郵便振替用紙を同封致しますので、最寄りの郵便局で本の到着後一週間以内にお支払いくださるようお願い致します。（送料はお客様ご負担となります）※電話番号は必ずご記入ください。

書名	定価　　円	冊
書名	定価　　円	冊
お名前	TEL.	
〒　　― ご住所		

愛読者カード

●お買い上げの書名をご記入下さい。

●お名前	●ご職業	●年齢	男 女

●ご住所

〒　　　　　　　　　　　TEL

●お買い上げ書店名

区・市・町　　　　　　書店

●本書をお買い上げになったきっかけ

1.新聞（書評/広告）　新聞名（　　　　　　）
2.雑誌（書評/広告）　雑誌名（　　　　　　）
3.店頭で見て
4.小社の刊行案内
5.その他（　　　　　　）

●本書について、また今後の出版についてのご意見・ご要望をお書き下さい。

幻戯書房営業部　TEL 03-5283-3934

ドイツ王はことごとに法王庁の「堕落」を批判したし、その至上権を批判した。こまかな説明は避けるけれども、これを法王庁の側から見れば、フランスの勢力下に置かれたぶん、こんどはドイツとあらそう局面に立たされることになったわけだ。

もっとも、ドイツ王（バイエルン公ルートヴィヒ四世）のほうとしても、やたらめったら法王にかみつくのは得策ではない。ましてや戦火をまじえるのはぜったいに避けたい。そこで水面下での外交交渉ということが大切になるが、この交渉は、もちろん相手が法王庁だから名目の上では宗教会議ということになる。西暦一三二七年前後における法王庁とルートヴィヒ四世のあいだの外交交渉の熾烈さは、あるいは中世ヨーロッパの政治史のなかでも随一といえるのではないか。

そういう重要な外交交渉＝宗教会議のために、今回、ドイツ王に派遣された密使こそ――ここが史実と創作のさかい目になるわけだが――『薔薇の名前』の主人公、あのバスカヴィルのウィリアムなのだった。すなわちウィリアムが例の修道院に来た目的は、殺人事件の調査などではない。ましてや単なる足やすめではない。そんなものよりはるかに高度な、うっかりしたら武力行使にすら発展しかねない政治的な極秘交渉のためだったのだ。

それにしても。

彼のような一介の修道士が、どうして白羽の矢を立てられたのか。

言いかえるなら、そんな重要な外交交渉をまかされるほどのどんな顕著な業績がウィリアムにはあったのか。結論を言おう。彼はむかし、超一流の、

「異端審問官」

だったのだ。

時代により、国により、異端審問官にもいろいろな種類があるけれど、『薔薇の名前』のそれはさしあたり、反キリスト摘発機関の長《ちょう》くらいのところだろう。或る人間がキリストの教えに反したかどうか、正統の信仰をふみはずしたかどうかを観察し、尋問し、ときには残酷きわまる拷問を課したあげく判決を言いわたす。不服の申し立ては許さない。こんにちで言うなら、最高裁判所の裁判長がさらに検事と弁護士と警視総監の任をも兼ねるというところ。宗教的圧制の最たるものということもできるだろう。

この主人公の設定は、じゅうぶん読者をおどろかせるに足りる。何しろ読者は——私たちは——彼をシャーロック・ホームズだと思っていた。「バスカヴィルの」などという地名を冠した名前のもちぬしにふさわしい近代的、合理的、探偵的人間だとばかり思っていた。現にふたりの顔かたちは、あんなに、ほとんど一卵性双生児みたいにそっくりだったじゃないか。そのウィリアムが、何とまあ、異端審問官などという宗教のなかの宗教、中世の最暗部というべき仕事に就いていたとは！

現代日本の警察小説にはよく、主人公である正義派の刑事はむかし手のつけられない不良少年だったとか、ヤクザだったなどという設定が見られるけれど、そんなのは比較にならないほどの巨大な落差がここにある。このあたり、作者ウンベルト・エーコは小説設定の技術もなかなかのものといえるだろうが、しかし残念ながら、エーコは読者がその次に当然いだく疑問には答えてくれなかった。読者を置き去りにしたままだった。このせいで読者は、

「それならば、どうしてドイツ王はわざわざ元異端審問官を交渉の密使に起用したのか。異端審問と国家間外交のあいだには何の関係もないじゃないか」

という素朴な疑問をもどかしく胸のなかに抱いたまま最後のページにたどり着かなければならないのだった。エーコはただ単にうっかりしただけなのか、それとも言うまでもないと思ったのか。あるいは物語の語り手である若いアドソには理解を超える事柄だと判断したのかもしれない。

そこで私がかわりに答える。ドイツ王がウィリアムを起用したのは、ほかでもない、当時の異端審問官というのが世界でもっとも高い言語能力のもちぬしだったからなのだ。

少なくとも、ヨーロッパ中でそう思われていた。イタリアでもフランスでも、ドイツでもイギリスでも。何しろ前述のごとく裁判長であり検事であり弁護士である人間なのだから素質はじゅうぶんすぎるほどだし、その素質の刃《やいば》がまた法廷経験の砥石によって磨きに磨かれている。いったいに異端審問というと現代日本のわれわれはどうしても、強権的な裁判長が無知純真な被告人をあわれにも巧みに追いつめるという一方的な展開を想像しがちだが、どうしてどうして、実際はそんなものではない。被告人のほうも事前にかなりの理論武装をして、想定問答をくりかえして、何とか追及をのがれようと彼なりに弁論術を駆使するのがむしろ普通のありかただった。うっかりすると異端審問官のほうが追及の刃をひっこめ、ため息をついて、すごすご閉廷を宣言しなければならない場合もある。つねひごろから真摯に自己鍛錬に励まなければ、いざというとき途方もない醜態をさらすことになりかねないのがこの高級官僚の仕事なのだ。

そういう分野で一流になった人間は、人類最強の弁論家になる。

ほかのどんな場面でも使える交渉術のもちぬしになる。今回ドイツ王がウィリアムに白羽の矢を立てたのは、そういう彼の経歴ないし舌歴に大きな期待をかけたからだったのだ。

さて。

ウィリアムの交渉相手は、どんな男だろうか。

言いかえるなら、作者はどんな男をウィリアムの敵役《かたき》に配したのだろうか。いったいに敵《てき》味方のとりあわせの妙を見せるのは小説家の大事な技術のひとつなのだが、ここではエーコは、おみごと！　と思わず客席から声をかけたくなるくらい絶妙の設定をほどこした。元異端審問官の交渉相手は、何とまあ、現役の異端審問官だったのだ。

その名は、ベルナール・ギー。歴史上実在した人物だが、ここでは史実にふれることはしない。ただ『薔薇の名前』における最強最悪の敵のひとりと見ておけばいい。その初登場時のふるまいも、悪役にふさわしく語り手アドソにこんなふうに不快な印象をあたえるのだった。

> ギーは七十歳ぐらいのドミニコ会士で、華奢な身体つきではあったが、まだ矍鑠《かくしやく》としていた。何よりも、無表情なままで相手を見据える、あの冷ややかな灰色の目に、私は打たれた。（中略）
>
> さりげなく挨拶を交わしているときにも、彼は他の人びとみたいに親愛の情や敬愛の情をたやすく面《おもて》に表わさないで、いつでも丁重な気配を身辺に漂わせていた。すでに旧知のあいだがらであったウベルティーノと再会した折には、いっそう慇懃《いんぎん》な態度をとったが、そのとき、相

手を見返した目つきに、一瞬、私は悪寒を覚えたほどである。

元と現役は、このときが意外にも初対面だった。ふたりとも、おもてむき入念なお世辞を交わしはするが、内心の炎は隠すべくもなく、その場で受けた私の印象を言えば、たとえば、ウィリアムのほうがどこかの皇帝領（引用者注・ドイツ領）の土牢のなかでならばベルナールに会ってやってもよい、という態度であったとすれば、ベルナールのほうは不意に襲ってきた死の床にあるウィリアムとならばお情けに会ってやってもよい、という様子であった。

一触即発もいいところだった。こんな調子でほんとうに交渉はうまく行くのか。ほんとうにウィリアムは大役を果たすことができるのか。読者は大いに気になるところだが、その矢先、こんどは連続殺人事件のほうが急展開を見せる。ギーがあっさり犯人を挙げてしまったのだ。ウィリアムが四日かけても挙げられなかった犯人を、はやくも到着の翌日に。これは主人公の面目を大いにつぶす出来事だった。

ただし読者の側から見た場合、これはふたりの捜査能力の差ではなく、捜査手法の差によるのだった。ウィリアムがいかにもシャーロック・ホームズの末裔または先祖にふさわしく、例の「めがね」をかけて慎重に物的証拠を集めたのに対し、ギーはこれまたいかにも名うての異端審問官にふさわしく、まず疑わしい者をひっつかまえてから裁判でじっくり「吐かせる」ことを選んだのだ。前者をミステリ的な手法とするなら、後者は宗教的な手法とすることができる。こんなところにも近代と中世の対立軸がしつらえられていたわけだ。いまからちょっと予告しておくと、この対立軸は、いずれ私たちが目標に——宗教とミステリが両立する条件をさぐりあてるというあの遠大な目標に——到達するための恰好の材料になることだろう。

ともあれ。

『薔薇の名前』は、かくして法廷シーンに突入する。

被告席に立たされた「犯人」の名は、レミージョ。修道院の厨房係だが、ここでもやはり彼はただの料理人ではない。料理人でありつつも同時に栄養士と食品化学科教授をすべて兼ねた高度な知識人であるところ、さながらあの薬草係のセヴェリーノが農家と薬局の店長と薬学部教授の役目をすべて兼ねていたのと同様だった。

その厨房係レミージョは、いまや全身をぎっちりと鎖でしばられ、「辛うじて身をよじりながら」ギーの尋問を受けるはめになっている。彼はこれから知識人としての言語能力を駆使して弁明につとめ、反駁につとめることだろう。そうしなければ死刑に処されることはまちがいないのだ。

……と、ここまで来れば読者は当然予想するとおり、彼はほんとうは誰ひとり殺していなかった。まったく無実の罪でとらえられ、裁きの場にひきずり出されたのだ。この裁判の少し前、ウィリアムはアドソに、かつての職業への悔恨とともに、

「覚えておくのだぞ。優れた審問官が最初になすべきは、最も誠実そうに見える者を疑うことなのだ」

と教えたことがあったけれど、今回のギーのやり口はまさにそれを地で行く体《てい》のものだった。

さらに身の毛のよだつことには、裁判長のギー自身、それが冤罪であることをうすうす知っているようなのだった。知りつつも敵であるウィリアムの遅鈍ぶり、無能ぶりを周囲にまざまざと印象づけるため、あるいは自分の有能を誇示するため、あえて決着を急いだ。おそらくギーは、本心では、真犯人がいったい誰かになど最初から興味はなかったのにちがいない。事件を解決してみせることにしか興味はなかったのにちがいない。読者は当然、ここで激しいいきどおりをおぼえることになるだろう。ギーはやっぱり悪いやつだと。

しかしギーにしてみれば、これは一種の職業的挑戦でもある。なぜなら当時の裁判というのは、どんなに弁論術を駆使したとしても、どんなに有意義な議論を交わしたとしても、最後には犯人みずからが罪を認めなければ有罪判決を言いわたすことができない原則になっているからだ。

決め手は、自白。

すなわちギーは、この法廷で、ほんとうは誰ひとり殺していない厨房係にみずから罪を告白させなければならないのだ。からからに乾いた雑巾から水をしぼり出すようなもので、常識的に考えれば不可能だが、しかしギーはその不可能をここで完璧になしとげてしまった。無実のレミージョをただひたすら言葉のみによって攻撃し、圧迫し、とうとう「吐かせて」しまったのだ。

その結果、裁判長はただ勝利の満足を得ただけでなく、以下の四つの輝かしい具体的成果をもずっしりと勝ち取った。まるで宝の袋をぶんどるように。

1　レミージョに殺人事件の罪を着せた。
2　レミージョがかつて異端の宗派《セクト》に属したことをあばき出した。
3　法王庁とドイツ王の外交交渉をぶちこわした。
4　そのぶちこわした責任をドイツ王側におしかぶせた。

こういう狡猾きわまる法廷闘争を、ウィリアムはただ手をこまねいて見ているほかなかった。一石四鳥、まことに敵ながらあっぱれとしか言いようがないが、しかしまた、私に言わせれば、この場面は同時に『薔薇の名前』全体の圧巻でもあるのだった。

ひょっとしたら高潔な主人公ウィリアムが最後の最後に真犯人をつきとめた図書館のシーンよりも質的に高いかもしれない。もしもこの法廷闘争の場面があと少し緊密だったら、あと少しみじかく切りつめられていたら、それこそシェイクスピア『ジュリアス・シーザー』のなかのブルータスの演説の場面にさえ匹敵する古典的傑作になったかもしれないなどと私はふと思ったりもする。それくらい会話のながれが力強く、臨場感にあふれているのだ。

となれば、ここはぜひとも引用しなければならない。

ぜひとも感嘆をわかち合わなければならない。ただし全部は無理だから、ここでは右のうち2に関する応酬にしぼることにしよう。このベルナール・ギーという稀代の名審問官の言語能力がいちばん生き生きとあらわれるのは、やはり宗教を主題とする論争においてだと思うからだ。今回の引用はところどころ中略をはさむけれども、いちいちカッコ付きで（中略）と記すことはしない。

裁判は、ギーの居丈高な質問からはじまる。


「言ってみよ、おまえの信じるものは何か？」

「善良なキリスト教徒の信じるものならば、何でも信じている……」

「何という返答の仕方だ！　それならば善良なキリスト教徒とは、何を信じるのか？」

「聖なる教会の説くところを」

「聖なる教会とは、どれのことか？」

「あなたの」当惑しながら厨房係が言った、「信じておられる真の教会がどれか、あなたこそ言ってみてください……」

「わたしならば、それはローマの教会（引用者注・法王庁）だと信じている。唯一の聖なる使徒の教会、教皇と司教たちに支えられた教会だ」

「わたしだって、そう信じている」厨房係が言った。


レミージョもただ攻められているばかりではない。気丈にも「質問に質問をもって答える」という古典的な戦法をのらりくらりと展開して、何とか言質《げんち》を取られまいとしている。けっこう彼もふてぶてしいのだ。

が、何しろ相手が悪すぎた。百戦錬磨の異端審問官はこの程度のじらしにはまったく動揺することなく、それどころかこんなふうに論理の刃をひらめかして、切り返しをさらに切り返してみせるのだ。

「何という抜けめのないやつ！」異端審問官が叫んだ。「何という〈詭弁ノ〉使い手！　聞かれたか、みなの衆、わたしが信じている教会を自分も信じていると言うことによって、この男は自分の信じているものを口に出す義務を免れようとしている！」

その上でさらに、裁判長は、

「お前はローマの教会を信じているのか？」

という内容の質問をする。ずばり直球勝負で来たわけだ。そうそう、言い忘れていたが、異端審問官というのは組織の上ではローマ法王に直属する。さっき私はこの官職を「反キリスト」摘発機関の長だというふうに説明したが、これは厳密には誤りなので、ほんとうは「反法王」「反ローマ」とするほうが実態によく合うだろう（当時の法王庁がローマではなく南仏アヴィニヨンにあったことは前述したとおりだが、その時期にも法王庁は一般に「ローマの教会」と呼ばれた）。法王が公式に認定していない宗派《セクト》はどんな教義をもとうとすべて異端だ、すべて邪教だというのは中世キリスト教世界の制度的常識だったけれども、その常識の、いわば、番人であるというのが異端審問官の基本的な性格だったのだ。教義の番人なのではなく、組織の番人。

ともあれ。

裁判長は、ずばり直球を投げこんだ。レミージョはもう「質問に質問をもって答える」戦法が通用しないことを悟らなければならないのだが、しかしここに至っても、まだ、

「もしやわたしが、そのように信じるはずがない、とでも思っておられるのか？」

「おまえが信じるはずのことではなく、いま信じていることを、尋ねているのだ！」

「あなたや他の善良な博学の士たちがわたしに信じよと命ぜられることならば、何でもわたしは信じる」厨房係が怯えて言った。

「ほう、だが、おまえの言わんとしている善良な博学の士たちとは、もしやおまえの宗派《セクト》を支配している連中のことではないであろうな？」

裁判長はどんどん核心へふみこんでいく。こうなれば被告人はもはや人の手のなかの鶸《ひわ》のようなものだ。いくら身もだえしようと、いくら懸命につばさを羽《は》ばたかせようと、じわじわ圧殺されるのを待つばかり。ここからレミージョがどのようにして「落ちる」か、どのようにして罪を自白するにいたるのか、それはぜひ自分の目でたしかめてほしい。すでに『薔薇の名前』を読んだ人にも、ここだけはもういちど読みなおしてほしいくらいだ（下巻の百八十三ページからです）。あなたはそこで人間の言葉というものの真のおそろしさを見るだろう。真の危険さを見るだろう。そう、言

語能力というものは、ときに殺傷能力とおなじなのだ。

それにしても、ながながと引用してしまった。

というか、ながながと『薔薇の名前』のストーリーを追いかけてしまった。我ながらずいぶん芸のないことをしたけれど、おかげで私たちは、どうやら、ここでようやく目的に達するいとぐちをつかんだらしい。

†

つまり、宗教とミステリが両立する条件をさぐりあてるというあの目的。なぜなら右の問答は、主題も方法もほとんど純粋といえるほど中世的、宗教的でありながら、しかし同時に、ひとりの人間がおかした罪の真相をあばくという点において典型的なまでに近代的、ミステリ的であるからだ。(ただし右の引用のかぎりでは、その「罪」とは殺人ではなく、過去に異端の宗派《セクト》に属したという事実をさししめす。殺人の罪に関しては直接本文に就かれたし。)

すなわち右の問答には宗教があり、ミステリがある。両者が同時に存在してなおかつ『薔薇の名前』全体の圧巻をなす。さしあたり、私たちの思考のための最高の材料がころがっているのだ。おのずから長い引用も許してもらえるのではないか。

そういう目で、あらためて右の問答を見なおしてみよう。まっさきに気づくのは、そこには或るひとつの要素がまったく欠けているということだった。その要素とは、言うまでもなく、

「物的証拠」

だ。

レミージョが異端の罪をあばかれたのは、何も動かぬ証拠をつきつけられたからではない。彼はべつだん悪魔の木像を押収されたわけでもなかったし、淫祠《いんし》邪教の集会所の入口の前にうっすら足跡をのこしたわけでもなかった。万が一のこしたとしても、それは審問官の攻撃材料にならなかっただろう。この法廷には物的証拠がないかわり、ただひたすら、言葉だけがあるのだった。

あるいは、言葉しかないのだった。だから攻める側もまもる側も、相手のせりふのはしばしに極度に敏感にならざるを得ない。もういちど引くが、

「もしやわたしが、そのように信じるはずがない、とでも思っておられるのか？」

「おまえが信じるはずのことではなく、いま信じていることを、尋ねておるのだ！」

という受け答えなど、ほとんど病的なくらいの末梢的なこだわりかただ。私たちの常識では「はず」などという些細な一語のあるなしなんか大すじには何の関係もなく、何らの本質をも衝いていない。そんなところに拘泥するのはただの時間のむだなのだ。

しかし当事者たちにしてみれば、むしろそういう末梢的な隻句《せっく》こそが勝負の全体を決する最重要の要素になるのだろう。ちょうど蟻《あり》の一穴《いっけつ》が堤防そのものを決壊させてしまうように、たった一語の矛盾から発言全体をつきくずすのが法廷闘争の基本戦略にほかならないのだ。

これを別の言いかたで言うなら、法廷闘争では発言の一貫性をたもったほうが勝ちということ。ごくごく当たり前の話だが、よく考えてみれば、私たちは、こういう一貫性のことを、ふつう、

「論理」

と呼ぶ。そうしてまた、この一貫性に破綻がないことを、

「合理的」

とも呼ぶだろう。すなわち異端審問官ベルナール・ギーは自分の合理性をまもりぬいたが故にこそ完璧な勝利を手にしたのであり、反対に、厨房係レミージョはそれをまもりきれなかったがために無惨にも異端の汚名を着て、死刑宣告を受けなければならなかった（実際には小説内で宣告されたわけではないが、読者はそれをありありと予感するよう書かれている）。宗教裁判というものは、すぐれて論理的、合理的なものだったのだ。

こんなふうに言うと、読者はたちまち眉をひそめるだろう。それこそあの異端審問官ばりに、

「何という〈詭弁ノ〉使い手！」

と私を非難するかもしれない。なぜなら私はこれまで論理的、合理的という言葉を、むしろ非宗教的というのと同等の意味で使ってきたからだ。

早い話が前講だ。私はあのとき主人公ウィリアムを紹介するにあたって、シャーロック・ホームズのおもかげをちらつかせつつ「ミステリ的人間」という用語を使った。その上で、ミステリ的人間というのは、

探偵的人間

近代的人間
合理性を徹底的に追求する人間

くらいの意味になるなどと述べたのだったが、そのおなじ合理の語を、ここでは近代の正反対、探偵的行為の正反対、おどろおどろしい中世的暗黒の最たるものというべき異端審問のために使ったのだから、なるほど、ちょっと申しひらきの余地はないかもしれない。

しかしながら事実は事実、やっぱり右のくだりを何度読んでも宗教裁判が合理的だという結論は動かしようがない。もしも『薔薇の名前』がほかの作者の手で書かれたのなら「歴史を知らない作家の創作」くらいの逃げ口上も述べられただろうが、この場合はウンベルト・エーコ、中世史の碩学だ。否も応もないだろう。言葉をかえて言うならば、中世の異端審問官ベルナール・ギーは、近代の名探偵シャーロック・ホームズとおなじく合理的な人間にほかならない。合理的だからこそ強い人間にほかならない。そのことは認めなければならないのだ。

すなわち。

言語面での合理性の重視において、宗教とミステリは両立し得る。

その両立を『薔薇の名前』でもっともよく象徴している人物は、しかしギーではないだろう。厨房係レミージョでもなければ、もちろん語り手のアドソでもない。ほかならぬ主人公、バスカヴィルのウィリアムだった。

何しろむかしは一流の異端審問官だったし、いまは一流の探偵である。言いかえるなら、むかしはベルナール・ギーだったし、いまはシャーロック・ホームズである。こういう主人公の経歴はちょうど私たち二十一世紀の読者にとってヨーロッパの歴史それ自体がむかしは中世だったし、いまは近代であるというのとまったく軌を一にしている。中世と近代をつらぬく棒のごときもの、それが『薔薇の名前』の主人公なのだ。その棒というのが言語面での合理性だということは、もはや念を押すまでもないだろう。

逆に言えば。

たったひとりの人間によって象徴され得るくらい、それくらい中世と近代には本質的な差はないということだ。

おそらく中世と近代の差というのは、私たちが考えるほどにはないのだろう。合理的な言葉の流れをもしも神意の探求のために使えば宗教になり、身のまわりの事物や現象の探求のために使えば自然科学になる。巨大な機械の開発のために使えば産業革命になり、犯罪捜査のために使えばミステリになる。目的も結果も関係なし。そういうことかもしれない。

そんなわけだから、神はたしかに落ちたけれども、神への奉仕者はいまもしっかり生きつづけている。進化論をとなえたダーウィンも、原子物理学の父と呼ばれるラザフォードも、蒸気機関を発明したワットも、そしてもちろん私たちの名探偵シャーロック・ホームズも、みんなみんな言葉を駆使して合理性を極限まで追求するという点では中世の異端審問官と変わるところがない。むろんラザフォードやワットは模型も使うし、図版も使うし、中世にはとうてい存在し得なかった機械や装置を使ったが、それでも根本のところではあの神への奉仕者の後継者といえるのだ。

いやいや、彼らのような有名人ばかりではない。シャーロック・ホームズの物語を——あるいはホームズの末裔である陽気なカウボーイどもの物語かなんぞを——あれこれ読んで、いろいろ楽しんで、それに関する感想をしゃべったり書いたりする私たちもまた言葉の使い手。いくぶんかは神への奉仕者といえよう。もしもその感想の表明がときに他人の容喙《ようかい》をまねいて舌戦に発展したとしたら、それは異端審問となり、自然科学の論争となり、ホームズの犯罪捜査となることだろう。私たちは中世人であり、しかも同時に、近代人にほかならないのだ。

言いかえるなら。

バスカヴィルのウィリアムは、あなたなのだ。

†

問題がひとつ残されている。

ウィリアムのめがねに関してだ。

私は前講で、中世と近代はぜんぜんちがう時代だと言った。かりに中世が「信じる」時代だとしたら近代は「見る」時代だった、だからこそウィリアムのめがねやホームズの虫めがねは修道士仲間から恐れられたし、また近代の象徴たり得るのだというふうに述べた。あれはこれとは矛盾するのではないだろうか。

この問題を解決するには、やはりシャーロック・ホームズの手法を思い出すのが早いだろう。彼は『緋色の研究』の冒頭ではじめてワトスンと会ったとき、握手しながら、

「あなたはアフガニスタンへ行ってこられたのでしょう?」
とずばり言い当ててワトスンを驚倒させたのだが――あまりにも有名なエピソードだ――、その推理の経路を、のちにホームズ自身こんなふうに解き明かした。

「ここに医者タイプの紳士がいる。しかし軍人らしいところもある。してみると軍医だろう。顔は黒いけれど、手首は白いから、生まれつきの色ではなくて、熱帯地方から帰ってきたところなのだろう。(中略)左腕を負傷している。そのこなしがぎごちなくて不自然だ。熱帯地方で、しかもわが国の軍医が腕に負傷するほどの苦難に会《あ》わねばならなかったところは、どこか。アフガニスタンにきまっている」

なるほど、ホームズの観察はなかなか精緻だ。まさしく彼が「見る」人であること、虫めがねの人であることは疑いを容れないところだろう。しかしここで彼が「見た」のは、あくまでも顔が黒いとか、手首が白いとか、左腕のこなしが不自然だとかいう断片的な情報にすぎず、それ自体は何の意味をもつものではない。ほんとうに意味があるのはむしろそれらの断片をつなぎ合わせるホームズの知性、ホームズ自身が「推理と分析」と呼ぶ思考の手順にあることは右の引用からも明らかだろう。ほんとうに大切なのは、むしろ目のあとの頭のはたらきのほうなのだ。

そうしてこの「分析と推理」は、いまの私たちの用語でいえば、やっぱり言語による合理性の追求ということになる。平たく言うなら「辻褄を合わせる」ということにもなるけれど、これがなければホームズの犯罪学そのものが成立し得ないのだ。ミステリ mystery のもっとも一般的な訳語があくまでも推理小説であって観察小説でないことは、そのよき証明となるかもしれない。

たしかに近代的知性は「見る」ことを重んじる。観察を重視する。しかし結局のところ最後にものを言うのは言語による合理性の追求であり、それによって導き出された論理の正否のほうなのであって、その点では中世の宗教裁判と選ぶところがない。前講での私の発言は、だからこう言いなおせばいっそう正確になると思う。かりに近代が「見た」が故の論理の時代だとしたら、中世は「信じた」が故の論理の時代なのだ、と。

道順はちがう。けれども目的地はおなじなのだ。

†

シャーロック・ホームズは、じつは虫めがねだけを駆使したのではない。巻き尺も使っている。前講でちょっと引いた『緋色の研究』の最初の殺人現場でのホームズのふるまいは、あらためてちゃんと紹介すれば、

（引用者注・ホームズは）ポケットから巻尺《（ママ）》とまるい大型の拡大鏡とを取りだした。この二つの道具を持って、部屋のなかを音もなくあちこち歩きまわり、ときどき立ちどまったり、またひざまずいたり、一度などは腹ばいになったりした。（中略）彼は、私にはまったく見えない

いくつかの痕跡と痕跡との間隔をきわめて細心に測ってみたり、またときどきはおなじように不可解な態度で、壁に巻尺をあてて見たりして、二十分ばかりしらべつづけた。

とまあ、こんな具合で、むしろ虫めがねよりも巻き尺のほうを活用している印象さえある。ホームズは虫めがねの人である前に、まず巻き尺の人なのだ。

しかし巻き尺はその後、読者から完全に忘れられた。虫めがねのほうはシャーロック・ホームズの知性や性格や有能さをあらわす象徴的な図像となったし、彼個人どころかミステリという分野全体における誰でもわかる記号になってこんにちに至るというのに、巻き尺はそもそも彼の捜査を手助けしたことすら忘れられ、単なる歴史の小道具という砂浜の砂のひとつぶになり果ててしまったのだ。

この虫めがねのイメージの成長については、こんな例が参考になるだろう。もともと『緋色の研究』の本文では例のRACHEという壁の字を最初に見つけたのはレストレイド警部で、彼はただマッチの火を壁に近づけただけなのだが、しかし初出誌である「ビートン」誌のクリスマス号に掲載されたD・H・フリストンの挿絵は図8。マッチの火はどこかへ消えて、そのかわりホームズが虫めがねを近づけている光景になっている。この挿絵画家は、あるいは編集部は、本文への忠実さよりも「見る」こととの端的な表現のほうを優先させたのだ。

さらに言うと、二十一世紀の現在、日本を代表するミステリ作家の集合体である本格ミステリ作家クラブは、こういうマークを採用している（図9）。虫めがねという道具がもはやホームズ一個人を離れ、故国イギリスをすら離れ、ミステリの分野そのものの象徴となっていることがよくわかるだろう。くりかえすが巻き尺はなし。どうしてこんな不遇に甘んじなければならないのか。

その理由はたぶん、巻き尺という道具そのものが持つ性格にある。

巻き尺はもちろん「見る」道具ではなく、観察のためには直接役立つものではない。しかしその観察した複数の事物のあいだに距離をあたえる道具ではあるだろう。つまり見たものを「関係づける」道具なのだ。順序だてる、秩序だてると言ってもいい。これが巻き尺のいわば道具としての本質なのだ。

関係づけ、順序だて、秩序だてる。

これは別の語でいえば、まさしく合理性の追求ではないか。

図８　D・H・フリストンによる挿絵（阿部知二訳『緋色の研究』創元推理文庫、68版、1994年の装画より）

図９　本格ミステリ作家クラブのロゴマーク

巻き尺という道具は、してみると、まさしくあの中世と近代をつらぬく棒のごときものの象徴、論理の象徴にほかならないだろう。私はさっき、近代は「見る」時代ではない、「見た」が故の論理の時代なのだと言ったけれど、これをさらに言いなおすなら、近代は虫めがねの時代ではない、虫めがねと巻き尺の時代だということになる。したがって中世は「信じる」と巻き尺の時代になるわけだ。つまり巻き尺であるという点では、近代も中世もまったくおなじ時代なのだ。

その巻き尺をきれいさっぱり忘れてしまい、ただ虫めがねのみを意識する。どうやら近代の人間は、私はそこに近代の人間のおごりを見る。私たち自身のおごりを見る。

「自分たちは中世の連中とはちがうのだ。より発達した人間なのだ」

などとあまりにも胸をはりすぎたあげく、あまりにも自分だけを特別視したあげく、いつしか中世というものを近代の正反対、近代のアンチテーゼと見なすに至ったらしいのだ。私のこれまでの論じかたにも、そういうところがあっただろう。だからこそ必要以上に中世と近代を差別化した。「見る」と「信じる」の差を強調した。一種のうぬぼれと言わざるを得ない。

そういううぬぼれの持ちぬしにとって、単なる「見る」はわかりやすい。中世の「信じる」に対する明快な対蹠点《たいせきてん》となるからだ。しかしながら、「見た」が故の論理のほうとなると、これはもう中世と近代のどちらにも同様に存在する以上、差別化ができず、うぬぼれの根拠になりはしない。要するに巻き尺ではいばれない、虫めがねでなら大いばりできるということで、こうなればどっちを忘れてどっちを残すかは迷う余地はないというのが近代の人間の精神衛生上の結論だったにちがいない。ひらたく言うなら、都合の悪いことは忘れたわけだ。

こういう傲慢は、ふりかえれば『ノーサンガー・アビー』にも濃厚にうかがわれた。あの一八〇三年に完成した長篇小説のなかで、主人公である十七歳のキャサリンは、あんまりゴシック小説——中世小説！——を読みすぎて小説と現実の区別がつかなくなったため、恋人のヘンリーにこう言って叱られる。ここはぜひあらためて引用しなければならないだろう。

「ぼくたちが住んでいる国と時代を思い出してください。ぼくたちはイギリス人でキリスト教徒です。あなたの知性と理性と観察能力に相談してごらんなさい。そんなことがあり得ると思いますか？　自分のまわりでそんなことが起きると思いますか？　現代の教育を受けた人間に、そんな残虐行為ができると思いますか？　今のこの国で、そんな残虐行為が誰にも知られずに行われると思いますか？　社交も郵便もこんなに発達し（中略）、道路網と新聞の発達のおかげで、何でも明るみに出てしまう今のこの国で、そんなことがあり得ると思いますか？　ねえ、ミス・モーランド、なぜそんな恐ろしいことを想像したんですか？」

この発言をした若いヘンリーは、つまり典型的なまでに虫めがねの人だったのだ。彼にとっての中世とはひたすら「信じる」時代であり、ろくろく見るものも見ない時代であるばかりか、もはや言語による合理性の追求すらも放棄した非論理的な、まがまがしい、凄惨で猟奇的でオカルトじみた征伐すべき暗黒時代にほかならなかった。逆に言うなら、こういう中世に対する度しがたい偏見をくるりと憧憬へひっくり返す手つきにこそゴシック小説の作家の芸があるのだろう。ゴシック小説は中世礼賛の小説であり、同時に――それ以上に――中世否定の小説なのだ。

私たちの読むミステリというものは、よかれ悪しかれ、こういう近代人の傲慢という母親の腹から生まれ出ている。そんな事実をさとらせたことこそ、もしかしたら『薔薇の名前』という長い長い小説の、世界の読書界への最大の貢献だったのかもしれない。あるいはバスカヴィルのウィリアムという一身にして中世的な異端審問官であることと近代的な探偵であることの二世を経ているスーパーマンの最大の特徴だったのかもしれない。作者ウンベルト・エーコは偉大だった。まさしく近代に生きる中世史の権威として、彼にしかできない仕事をしたのだった。

†

中世には、言語面での合理性の追求があった。

近代と同様に。

よく考えてみると、これはたいへん恐ろしい結論だ。なぜなら言語というものはそもそもが合理的にできているので、決まった言葉を決まった順序でならべなければ相手に意味が通じない。ラテン語だろうがイタリア語だろうが日本語だろうが、スワヒリ語だろうがマレー語だろうが漢語だろうが、およそ言語と呼ばれるものにはみな固有の文法がそなわっていることを思い出せば、このことは明らかだろう。そういう言語というものを駆使した人間の精神的活動は、どの国であれ、いつの時代であれ、少しは合理的でないはずがないのだ。

なるほど、右の結論において宗教とミステリは両立する。少なくとも、きわめて重要な共通点をもつ。きれいな結論と言うこともできるだろう。が、あんまりきれいでありすぎて、ほかの無数のテーゼをもまとめて成立させてしまう危険があるのが如何ともしがたいところだろう。ひとことで言えば、この結論は、あまりにも汎用的でありすぎるのだ。

こうなると事態はもはや中世を超え、近代を超え、ヨーロッパをも超えてしまう。世界中のあらゆる時代のあらゆる地域にひろがってしまう。古今東西みなおなじ。おのずから、

「ミステリ」

という概念も解体しないわけにはいかなくなる。『緋色の研究』や『薔薇の名前』がミステリであるという言いかたと、それより二千年もむかしのギリシアで上演された悲劇の台本がミステリであるという言いかたが論理的に等価になってしまうからだ。

いや、現にそうなっている。たとえば紀元前四〇〇年代にソポクレスが残した『オイディプス王』はミステリそのものだと述べたのは、たしか福田恆存、当該作品を日本語に訳した劇作家兼評論家だった。同様の言いかたは無数にあるといえるだろう。こういう言いかたをされてしまうと、私たちは、そもそもミステリの歴史について――または歴史のなかのミステリについて――論じること自体が本質的に不可能になってしまう。少なくともその危険は誰にも否定できないだろう。特殊はおそろしくも何ともないが、普遍はほんとうに恐ろしいのだ。

しかしそのいっぽう、ミステリという小説の一ジャンルが産業革命期のイギリスに生まれたというのもまた厳然たる歴史の事実、どうしても動かすことはできないだろう。この無限のひろがりと

確実な限定とのあいだに私たちはどう脈絡をつければいいのか。これをどう「合理的に」説明すればいいのだろうか。

これまで述べてきたところで足りるような気もする。まだ何か足りないような気もする。ちょっと風を入れようか。次講では、いままでとは時代も地域もまったくちがうミステリを読んでみよう。気分転換の意味もあるけれど、私たちの旅は、さらなる未知の地をめざさなければならないのだ。

第七講　『わたしの名は赤』偶像崇拝厳禁の国の偶像

これまで私は、

「神」

とか、

「宗教」

とかいう仰々しい語をくりかえし使ってきた。神とはキリスト教の神であり、宗教とはキリスト教をさすことは、まさか注釈をつけるまでもなかったろう。そもそものはじめが近代ヨーロッパにおけるミステリの発生にまつわる話だった以上、これは当然のことだった。

しかし今回は、がらりと変わる。あらかじめ言っておくと、本講では神とはイスラム教の唯一神アッラーであり、宗教とはイスラム教であるだろう。キリスト教に言及するときは、従来の「宗教」ではなく「キリスト教」という他人行儀な用語をもちいることになる。なぜなら、この講でとりあげるオルハン・パムクの歴史ミステリ『わたしの名は赤』(原著一九九八年刊)は一五〇〇年代末、オスマン・トルコ帝国時代のイスタンブルを舞台としているし、したがってその主要な登場人物もみな敬虔きわまるイスラム教徒にほかならないからだ。彼らにとってはアッラーこそが

「神」であり、その他のあらゆる宗教のそれは単なる神の僭称者《せんしょう》にすぎない。

もっとも、『わたしの名は赤』の登場人物は、そのうちの少なくともいちばん重要な役割をになう者たちは、けっして盲目的な崇拝者ではない。あとでくわしく説明することになると思うが、彼らはアッラーに帰依し、皇帝《スルタン》ムラト三世の権威をまったく疑わぬいっぽうで、西方キリスト教世界を文明の先進地とみとめている。

「あいつらは、邪教の信者だ。堕落している」

と口では言いつつも内心はどこか羨望があり、嫉妬があり、或る種の親しみさえおぼえているのが当時のイスタンブルの知識人のありさまだったというのが『わたしの名は赤』の叙するところだった。実際の歴史もそのとおりだったろう。世界地図を見ればわかるとおり、トルコはヨーロッパの隣国なのである。

こういう心理情況は、さしあたり、いまの私たちの考察に恰好の手がかりを提供してくれるだろう。これまで内側からばかり見てきたキリスト教を、こんどは外側から眺めることができるからだ。そこには視点の継続があり、同時に視点の断絶がある。何かしら新鮮な風が吹きこまれる瞬間もあるのではないか。

となると大切になるのは、作者の態度の公平さだ。

作者にはイスラム教徒の立場に立ち、イスラム教世界の歴史に通暁してほしいし、なおかつキリスト教世界の歴史へも深い関心をもってほしい。イスラム教徒をイスラム教徒らしく描きながら、その上キリスト教徒もそれっぽく描いてほしい。……いまの私たちには少なくとも、これくらいの欲求をもつことは許されるだろう。しかし真におどろくべきは、『わたしの名は赤』がこれらの条件をみたした上、さらに高度な欲求にもこたえてくれていることだった。すなわち文章がうまく、言いまわしに気がきいているのは当然として、食事や、服や、仕事の道具などという知らない過去の細部をたくみに再現してくれていること。それがまた一五〇〇年代の人間でもない、イスラム教徒でもない私たち日本人に一種の観光旅行的なたのしみを与えてくれること。さらには現代ミステリとしての犯人さがしの興味もじゅうぶん提供してくれるとあれば、オルハン・パムクは、いまの私たちにとってまったく思うつぼとしか言いようのない本を書いてくれた。本人にはそのつもりはなかったろうが、ありがたいことではないか。

†

オルハン・パムクは、現代の小説家。

誕生日は一九五二年六月七日というから、日本の元号でいうなら昭和二十七年うまれ、私には叔父さんくらいの年まわりだ。

二〇〇六年（平成十八年）にノーベル文学賞を受賞したから日本でもその名はよく知られていると思う。ただし実際に本を読んだことのある人はあまり多くないのではないか。欧米の作家とくらべると、やはり日本人には「トルコの作家」というのは敬遠の対象になりやすいからだ。そもそもあのノーベル賞の報道に接してはじめて、ふーん、トルコにも小説があったのか、というような失礼な感想を抱いた人もけっこう多いかもしれない。パムク自身はけっしていわゆる「エキゾチックな」作家ではなく、むしろトルストイやスタンダール、トーマス・マンに深く学んだ正統的なヨーロッパ文学の継承者なのだが。

もっとも、彼の本はノーベル賞以前から翻訳が出ていた。出したのは藤原書店（訳者および編集者の慧眼に敬意を表する）。けっして大きな出版社ではないけれど、それ以前からF・ブローデル『地中海』全五巻やM・バナール『黒いアテナ』など、しばしば世界史がらみの本で話題を集めているから、あるいはそのへんの触角がオルハン・パムクをも感受したか。その翻訳史をかりに年表ふうに掲出すると、

二〇〇四年『わたしの名は紅《あか》』（和久井路子訳）
二〇〇六年『雪』（和久井路子訳）

という二冊の小説を出したところへ作者がノーベル賞を受賞した。以後はかさにかかったように、

二〇〇七年『父のトランク』（和久井路子訳）
二〇〇七年『イスタンブール――思い出とこの町――』（和久井路子訳）
二〇〇九年『白い城』（宮下志朗・宮下遼訳）

と、小説はもちろんエッセイもつぎつぎと日本の世に送っている。先駆者の特権というべきだろう。

しかしこの独裁政権にも、とうとう異変が起きる日が来た。早川書房が参戦したのだ。手はじめに二〇一〇年『無垢の博物館』上下巻を刊行すると、この藤原書店よりも事業規模が大きいように見える、そして日本における海外文学の紹介の歴史のはるかに長い版元は、さらに果敢な戦略に打って出る。おなじ作品の、べつの訳を出したのだ。すなわち『わたしの名は赤』の新訳を出した。比較の便のため、重複をいとわず併記すれば、現在、市場には二種類の訳書が出まわっていることになる。

『わたしの名は紅《あか》』一巻本(和久井路子訳、藤原書店、二〇〇四年刊)
『わたしの名は赤』上下巻(宮下遼訳、ハヤカワepi文庫、二〇一二年刊)

ギリシア神話や『ロミオとジュリエット』のような声価のさだまった古典じゃあるまいし、旧訳が出てからまだ十年もたたないうちに新訳が世に出るというのはちょっと例がないのではないか。二〇一二年には『雪』の新訳も出た(宮下遼訳)。私もはじめて早川書房版――表紙に「新訳版」と明記されている――を本屋で見たとき、おっと声をあげたものだった。藤原書店版はもちろん手がたい造りで、誤訳が多いとか、落丁乱丁だらけだとかいう本ではないから、この現象はやはりノーベル賞と無関係ではないのだろう。まあ出版社がどんな計算をしているにしても、読者には単純にうれしいことではある。選択の幅がひろがるからだ。
ためしに両者の訳を抜いてみようか。物語の冒頭、主人公のひとりである画家のカラがひさしぶりに故郷イスタンブルに帰ってきて、その街のあまりの変貌ぶりに戸惑うくだりを比較しよう。
まずは藤原書店版、和久井路子訳。

　他の多くの都市でもそうであるが、イスタンブルでも金の価値が全くなくなっていた。わたしが東国に行った頃は銀貨一枚で四百ドラクマの大きなパンを売っていたパン屋はいまや同じ金でその半分の、しかもその味たるや子供の頃覚えているパンとは似ても似つかないパンを売っていた。亡くなった母が、卵十二個に銀貨三枚払わなければならないのを聞いたら、鶏がこれ以上甘やかされて地面にではなく頭の上にフンをしないうちに、ほかの国へ行こうというだろう。

つぎに早川書房版、宮下遼訳。

　帝国の他の都市でも同じだが、ここイスタンブルでも貨幣の価値は暴落の一途を辿っている。東国へ発った時分には、銀貨一枚で四百ディルハム（約一・二キロ。一ディルハムは約三グラムに相当）はある大きなパンを売っていた竈《かまど》が、いまでは同じ値段でその半分にも満たない小さな、そして幼いころに味わったのとは似ても似つかない、ひどい味のパンしか作らなくなった。卵十二個で銀貨三枚と聞いたら、亡き母はきっと「甘やかされきった鶏が地面ではなくて人の頭の上に糞をひる前によそへ移るよ」とでも言い出すに違いない。

（以下引用時特記なきはハヤカワepi文庫版）

重量の単位の表記が前者は「ドラクマ」、後者は「ディルハム」と異なっているが、おそらく語源はおなじなのだろう。なお宮下訳における「ディルハム」の下の割注《わりちゅう》は訳注。ふたつの文章をくらべると、ご覧のとおり、微妙な差しかない。どちらに就いてもよさそうだ。しかし私なら、ここでは後者をとる。迷うことなく宮下訳に票を入れる。決め手は、

「竈」

という一語だった。

おなじところを和久井訳は「パン屋」と訳している。トルコ語の辞書には、原語の fırın に対しては「かまど」「パン焼き屋」のどちらの訳も掲げられているのだが（ただし原文では複数形 fırınlar）、ここは「竈」のほうがイメージがふくらむ。想像がひろがる。読者はこのたった一字から、その店の店がまえや主人の顔にはじまって、パンを焼くときの薪の火、黒いすす、それに焼きあがりの湯気や香ばしさまで一瞬にして思い浮かべることができるのだ。「パン屋」ではせいぜい主人の顔までだろう。或る意味、これは婉曲語法の勝利だった。

元来「竈」というのは多義的な語だ。いろいろな意味に変わり得る。そのいろいろのなかからまっすぐパン屋を――パン屋のみを――連想させるには前後の文脈をこまかく調整しなければならな

いが、ここらへんも宮下訳はたくみに処理しているようだ。そうそう、それで思い出したけれど、和久井訳がパンを「売る」というおなじ動詞を不用意に二度くりかえしているのに対し、宮下訳がそれを避けるべく、二度目は「作る」を使っているのも文章をよりいっそう含蓄あるものにしている。たかだか一語の差にすぎないじゃないか、とは言ってほしくない。これが雄大な長篇となると――ほんとうは渺《びょう》たる短篇でも――、ちりも積もれば山となり、大きな印象のちがいになるのが、つまりは小説というものなのだ。宮下訳の文章全体から受けるふっくらとした感じ、活字のひとつひとつが透明ににじむような豊かな感じは、もっぱらこういう「一語の差」に由来する。すらすら読めるように見えて、じつはかなり精密に組み立てられているのだ。

もっとも、それとはべつに、純然たる趣味の問題があるだろう。右に述べたような宮下訳の特徴を「わかりづらい」とか「凝りすぎ」などと感じる人はいるかもしれないし、それはそれで私の異議をはさむところではない。和久井路子の訳文は、けっして悪いものではないのだ。だいいち私はトルコ語の原文を知らずにこれを書いている。とんでもなく見当はずれの意見を述べてしまった可能性も否定できないのだ。

とにかくここでは、右の理由で、宮下訳にしたがうことにする。

†

画家のカラは、三十六歳。

ひさしぶりに故郷イスタンブルに帰ってきた。

貨幣の価値が暴落したとか、治安が悪くなったとかいう街のあまりの変貌ぶりに戸惑いつつ、彼はまず「おじ上」の家をおとずれた。「おじ上」は実際にカラの叔父なのだが、しかしべつに血がつながっていなくても、この街の若者はみんな彼を「おじ上」と呼ぶ。それくらい尊敬されている老画家なのだ。もっともこの尊敬は、彼の絵の腕前というよりは、むしろ帝国全体の美術行政にたずさわる高級官僚としての権威に対するものだったけれども。彼は皇帝の側近だったのだ。

「おじ上」は、この時期、ひとつの計画を実行していた。

その計画はあまりにも異例であり、あまりにも風俗壊乱のおそれがあるため、一般市民には絶対もれてはいけない性質のものだった。カラが今回、はるかな東方ペルシアの大都タブリーズから帰国したのは、この国家機密に参加するよう「おじ上」に手紙で要請されたからだった。

その計画とは何か。手紙には、

「秘密裡に陛下のための装飾写本を作成している。帰京の暁にはお前もそれを手伝うように」

とかんたんに書き添えられていただけだったが、じつはこれは、皇帝ムラト三世の、

「肖像画」

を描くことだったのだ。

と言うと、あるいは読者はなーんだと失望のため息をつくだろうか。そんなこと、どこの国の王

様もやらせてる、秘密にする必要はないじゃないかと。しかしそれはあくまでもキリスト教世界の習慣にすぎないので、イスラム教世界においては——少なくとも一五〇〇年代には——これは途方もなく非常識な仕事だったのだ。

イスラム教の教義では、偶像崇拝はかたく禁じられている。

そもそも宗祖ムハンマド（マホメット）にしてからが、メッカを征服したとき、まっ先にもっとも重要な神殿であるカーバのまわりの神像を破壊したというくらい偶像崇拝をにくんでいたし、こんにちでも、イスラム教の寺院にはアッラーの神像なるものはない。おかしな風習だ、などと言うなかれ。世界に神はひとつしかないという一神教の教義をとことんまで突きつめれば、これは論理的には当然の結論になるはずなのだ。なぜなら偶像というものは、神の似姿《にすがた》ではあっても、いやむしろ、似姿であればあるほど神の唯一性を傷つける。人々に神ではない何かの物質をおがませる契機になる。おのずから人々を真の信仰から遠ざけるにちがいないからだ。

そんなわけだから、一五〇〇年代末のイスタンブルでも、偶像の制作は厳禁だった。石像や木像を彫ることはもちろん、絵ですらも原則として描くことは許されなかった。許されるとしたら、それは、アッラーを名乗ってはならないことは当然として、

1　内容的には、宗教とは関係のない場合にかぎり、
2　形式的には、独立した芸術作品ではない場合にかぎり、
3　技術的には、現実を忠実に模すことをしない場合にかぎる。

という極端な制約を課せられていた。『わたしの名は赤』のカラや「おじ上」は、こういう困難

な時代に生みつけられた画家だったのだ。そこで彼らが描くのは、もっぱら、

「細密画」

と呼ばれるものになる。

細密画というのは、ここでは手描きの彩飾画くらいの意味に受け取ってほしい。図10にその典型的な例を示すが、これは内容的には「ホスローとシーリーン」という有名な悲恋物語の一場面であり（つまり宗教とは関係がない）、形式的には書物の挿絵というかたちで残されていて（つまり独立した芸術作品ではない）、技術的には人物も風景もかなり類型的に処理されている（つまり現実の忠実な模倣ではない）。右の三つの制約は、たとえばこんなふうにしてクリアされることになるのだ。

ということを念頭に置けば、あの皇帝ムラト三世の「肖像画」を描くという計画がいかに危険なものかがわかるだろう。

ヨーロッパの肖像画は、髪の長さ、ひとみの色、あごのかたちから服のしわにいたるまで、まるで本物がそこにあるかのように写実的に描くことを常とする。図11のように。こんにちの私たちの感覚からすると、これは絵画というよりは、いっそ写真に近いだろう。そこではほかの何よりも迫真性が求められる。逆に言うなら、迫真性のない肖像画など、栄養のない料理のように何の意味もないものなのだ。

すなわち肖像画は、右の制約3を完全にふみにじる。もしもイスラム教徒がこんな絵を描いたりしたら、弁解の余地はない、彼はただちに偶像崇拝の重罪をおかしたことになってしまうのだ。

しかもその描く対象がほかならぬ皇帝《スルタン》だと来れば、事はもはや宗教にとどまらない。万が一、外部にもれたりしたら、それでなくても貨幣価値の暴落や治安の悪化に苦しんでいる民衆の心はいっそう不安になるだろうし、その不安をあおることで、こんどは暴力的な原理主義的集団がいよいよ勢力を増すにちがいない。実際、イスタンブルでは、この少し前からヌスレト師という田舎出《で》の説教師のひきいるエルズルム派なる教団がぶきみに支持をひろげていて、たとえば珈琲店――一種の喫茶店――を「西洋的堕落の象徴」と見なして大人数で襲撃したりしている。たった一枚の肖像画を描くことは、だからオスマン・トルコ帝国の体制そのものを震撼させる可能性すらあったわけだ。

そんな危険な仕事を、なぜ「おじ上」はこころざしたのか。

きっかけは二年前、外交使節としてヴェネツィア共和国へおもむいたことだった。彼はそこで衝撃的な美術体験をした。のちにカラに語ったところでは、彼は貴族の家に案内され、壁にかけられた絵に出くわして「はたと立ち止まった」という。

「その絵はな、何にもましてまず一人の人間、そう、わしのような一人の男の絵だった。無論、われらとは異なる異教徒だ。だというのに、その男を眺めていると自分がそいつに似ているように思えてくるのだ。わしと面ざしが似ているわけでもないのに。（中略）肖像の背後に開いた窓から覗く農場や村、幾つもの色が混ざり合って、まるで本物にしか見えない森。手前の机には時計や書物、時の流れ、悪徳、人生、筆、地図、方位磁針、小箱。箱のなかには金貨やその他の細々としたものが入っておった」

図10　ニザーミー著『ハムサ』の写本に挿絵として描かれた「玉座についたホスローとシーリーン」の場面。アーガー・ミーラク（ヘラート派）画（1539-43年。大英博物館蔵）

図 11　ジョヴァンニ・ベリーニ『統領レオナルド・ロレダン』
（1501 年頃。ロンドン・ナショナルギャラリー蔵）

つまり「おじ上」は、まず絵があまりにも写実的であることに驚倒した。右の制約3に対する根本的な対立の要素をそこに見たことになるが、聞くほうのカラは善良なイスラム教徒だから、そのへんの認識にはまだ不足がある。「おじ上」はその絵の特徴を、こんなふうに言葉をかえて説明しなければならなかった。

「だからそなたも、(中略)雑踏の中から会ったことのないその男を見つけよと言われれば、何千もの人々の間から彼を見つけ出せるはずよ。あの絵のおかげでな」

しかし炯眼《けいがん》な「おじ上」は、かならずしも絵画の迫真性にのみ打たれたのではない。ヴェネツィアの画家の描いた絵は、まさにその迫真性によって、もうひとつ、イスラム教徒のまもるべき右の2の制約までも無意味にしてしまったのだ。「おじ上」はその絵の意義を、究極的にはこう判断した。

「これはある物語の延長線上にあるのではない、それそのもののために存在する何物かなのだ」

独立した芸術作品である、という判断にほかならなかった。

その夜。あたえられた宿泊用の屋敷で「おじ上」はどうしたか。

「一晩中、絵のことを考えていたよ。自分もあのように描かれてみたい、否、なんと怖れ多いことか、そう、皇帝陛下こそあのように描かれるべきだ！　我が陛下こそ、その膝下におかれた万物、そのしろしめす世界と玉体に帯びられたすべてとともに描かれねばならぬのだ」

自分たちの細密画より、ヨーロッパの人間どもの肖像画のほうが上。そう結論が出てしまった彼としては、もはや皇帝《スルタン》の肖像画を描くというのはしごく当然の決意であり、誠意だった。いちばん尊敬する人物のすがたを、いちばん優れた手法でこの世にのこしとどめる仕事。「おじ上」は帰国後、ただちに皇帝に許可をもらって、計画を実行しはじめた。

とはいえ、もちろん当時のイスタンブルでは、画家はみんな細密画家だ。ヨーロッパふうの肖像画をまなんだ者はひとりもおらず、そもそも遠くのものは小さく見え、近くのものは大きく見えるという現実の視界の正しい投影法――いわゆる遠近法――すらも理解していない者ばかりだった。

それでも「おじ上」は四人の超一流の細密画家を集めたのだ。四人はこの難業にとりくんで、いろいろと苦労しながら少しずつ手わけして画面をうめていき、皇帝のリアルな肖像を筆であらわし……そんなとき、彼らのひとりが殺されたのだった。それも石で頭をたたき割られ、頭から井戸の底にほうりこまれるという残忍きわまる方法で。

小説内では、四人はみな通称で呼ばれる。

殺されたのは〈優美〉。おそらく犯人はのこりの三人、すなわち〈蝶〉〈コウノトリ〉〈オリーヴ〉

のうちの誰かだろうが、あるいは彼らの上司としての「おじ上」である可能性も否定し得ない。カラはいちおう主人公だし、犯行の夜のアリバイもあるようだから無実と見ていいだろうが、しかし或る事情から、カラは当局に、犯人にまちがいなしと見られるようになった。

イスラム法は、残酷だ。

殺人犯と決まれば死刑になるのはもちろんだが、決まる前に、疑いをかけられた時点でもおそろしい拷問にかけられる。カラの場合は万力《まんりき》だった。上半身をはだかにされ、頭に籠のようなものをはめられたのだ。拷問吏がくるくる把手をまわすと、籠の内部の万力がカラの頭の両側をしめつける。あまりの痛みに、カラは、やってもいない殺人を「自白」しようとしてしまう。皇帝じきじきの意によりかろうじて命を助けられたカラは、冤《えん》を雪《すす》ぎ、晴れて無実の身となるべく、真犯人をさがしに街へふたたび出たのだった。

こうして『わたしの名は赤』は優れた文学のかおりを濃厚に放ちつつ、ミステリ的興味で読者をひっぱっていくのだが、しかし正直なところ、私には、犯人さがしはこの小説の最大の魅力ではないように思われた。犯人がじつは×××だったというのは、意外性がないとは言わないが、ほかの人物が犯人であっても物語全体の印象はあまり変わらないような気がしたのだ。私などには「誰が」殺したかよりも、むしろ「なぜ」殺したのかの追及のほうが段ちがいにスリリングだった。たぶん『わたしの名は赤』はフーダニット（犯人当て）の小説ではなく、ホワイダニット（動機当て）の小説なのだというのが私のいまの結論だ。

その「なぜ」の内容をここで詳述するのはやめておこう。それは犯人の名をあかすより、はるかに未読の読者の興を殺《そ》ぐにちがいないからだ。読者はぜひとも本文に就いて、自分の目でたしかめられたし。ただし、これまでに述べたところから、その「なぜ」が四人の細密画家たちの宗教的葛藤、ないし職業的葛藤に深くかかわることだけは指摘しておいてもいいと思う。〈優美〉〈蝶〉〈コウノトリ〉〈オリーヴ〉の四人は、程度の差はあるけれども、それぞれ肖像画という「異教の」絵に手をそめることに抵抗を感じ、恐怖を感じつつも一種の感動をおぼえないわけにはいかなかった。技術上の感動だった。その点では彼らはみな、あのヴェネツィアの貴族の家で一枚の絵に衝撃を受けた「おじ上」とおなじ人間だったのだ。

ところで。

細密画と肖像画のちがいは、地域差にのみあるのではない。

東方イスラム圏の細密画、西方ヨーロッパの肖像画、というような単純な関係ではない。というのは、その「西」のほうの内部でも、古来、「細密画《ミニアチュール》」は描かれていたのだ。この場合はもちろんイスラム教ではなく、キリスト教の聖典の写本のための挿絵になる。

キリスト教徒は、古来、偶像崇拝にはこだわりがない。神も、キリストも、その他の「聖書」の登場人物もみな似姿をあっけらかんと描いてしまうし、事によったら、彼らがこの世にあり得ない奇跡を起こした瞬間さえも見てきたように描いてしまう。しかしながら、それを除けば、彼らの細密画はイスラム世界のそれとは大差ないのではないか。少なくとも一視点の図法をもちいていないこと、および人物や風景がおしなべて類型的に処理されていることにおいては、この二大宗教の細密画はまったくおなじ美術的内容をもっている。キリスト教徒も最初から写実性を重視していたわけではなかったのだ。

前講でとりあげたウンベルト・エーコ『薔薇の名前』には装飾写本の挿絵がふんだんに出てきた。そもそも物語の舞台となったイタリア山中の僧院がもう巨大かつ組織的な書物の製作工房だったし、最初に殺されたアデルモ・ダ・オートラント――あの『オトラント城』を連想させる――も細密画家《ミニアトーレ》にほかならなかった。あれも歴史的にはこういう流れを汲むものなのだ。前回も、今回も、私たちはおなじ細密画をじっと見ている。

むろんヨーロッパのほうの細密画は、或る時期とつぜん滅びたのではない。ましてや或る特別な事件をきっかけに細密画がそっくり肖像画にきりかわったわけでもない。もともと両者のあいだには、一方の流行がもう一方を駆逐するというような競合関係は存在しなかったのだ。

けれども、うんと巨視的に見れば、細密画は中世を代表する様式であり、肖像画は近代を代表する様式であると言うことは許されると思う。これまでさんざん言ったことだからもう詳しくは述べないが、前者はもっぱら「信じる」ことに関する宗教的な性格をもち、後者はおおむね「見る」ことに関する自然科学的な性質をもつということは思い出すに足りるだろう。

そうそう、ついでにここで前講から引き継いだ問題をも思い出してみよう。ふたたび要約するなら、

「ヨーロッパの中世と近代は、言語面での合理性の重視という点で共通している。そのための手法

が中世では『信じる』ことにあり、近代では『見る』ことにあるという差はあるが、結局のところ、このふたつの時代は、われわれ近代人がいばって言うほどには大きくはない」

というものだった。この「信じる」と「見る」という手法の差が、今回の『わたしの名は赤』のなかでもじつに明快にあらわれていることはもはや述べるまでもないだろう。整理して図式化すれば、

中世＝イスラム教圏＝細密画＝「信じる」＝没個性的・類型的＝多視点の図法
近代＝キリスト教圏＝肖像画＝「見る」　＝個性的・迫真的　＝一視点の図法

ということになるだろうか。イスラム教圏の細密画はまず神という見えないものを「信じる」からこそ写実性には冷淡なのであり、反対に、キリスト教圏の肖像画はまず現実をありのままに「見る」からこそ写実性をとことん追求する、というわけだ。まあ前講の結論にしたがうなら、どちらの種類の絵も、とどのつまりは或る種の合理性のために奉仕していることになるのだが、その話はもう蒸し返さないことにしよう。私がここで注目したいのは、最後のところ、

「多視点の図法」

と

「一視点の図法」

との対比だった。後者がふつうは一点透視図法などと呼ばれる、いわゆる遠近法であることはすでにふれた。

このふたつの図法のちがいは、単なる絵画様式のちがいではない。あるいは美術の内部だけの問題ではない。さらに深く掘りさげてみよう。

†

念のため、ひとつ注しておく。

私はここで、二十一世紀における情況を論じるつもりはない。つまり現在はキリスト教圏のほうがイスラム教圏よりも文明が進歩しているとか、イスラム教は教義や禁制そのものが前近代的だとか、そういうことを言う気はない。私はあくまでも『わたしの名は赤』という一五〇〇年代末のイスタンブルを舞台とする長篇小説が両宗教をどうあつかっているか、とりわけ美術面から見た場合にどういう思考の材料を蔵しているか、それを検証することに関心があるのだ。だいたいイスラム教が「遅れている」などというのは現状認識としても誤っている。たちの悪いアジテーターは、いつも歴史の問題を現代の問題にすりかえる。ひとこと必要な所以《ゆえん》である。

†

一視点の図法なら、私たちはもう見なれている。

明治維新から約百五十年。いわゆる西洋画の技法はこれまで日本にもふんだんに輸入されてきたし、その実作もまた経済力ある日本人によって数多く購入されてきた。明治および大正期の実業家・松方幸次郎の収集した松方コレクション三七一点は現在の国立西洋美術館の中核をなしているし、戦後でも、石橋正二郎の収集品を公開したブリヂストン美術館はその名をつとに世界に知られている。彼らのような大金をもたない私たちですら、昼食程度の出費でもって、ルーベンス、フェルメール、ベラスケスというようなヨーロッパの古典作品をほとんど常時どこかの美術館で見ることができる。よほど専門的な議論でないかぎり、いまさら一視点の図法の何たるかを解説するのは時間の浪費だろうと思う。

しかしながら、多視点の図法となるとどうだろう。

特にイスラム圏のそれとなると、ちょっと取りつく島もないというのが正直なところではないか。そこで図12を見てほしい。これは『諸王の王書』という本の一部で、一五八一年、イスタンブルで描かれたものという。まさに『わたしの名は赤』のあの時間、あの空間のなかで成立したわけだが、ただし内容は、ご覧のとおり、悲恋物語ではない。もちろん偶像崇拝をにおわせるものでもない。これは当時イスタンブル市内にあった、

「ガラタサライ天文所」

の様子をあらわしたものという。

天文所なら、おそらくオスマン・トルコ帝国でも自然科学における最先端の知見の集まる場所だったにちがいないし、したがって絵の描き手は〈蝶〉や〈コウノトリ〉のような当時一流の細密画

図 12　『諸王の王書』第 57 葉「ガラタ・サライ天文所」
（1581 年。イスタンブール大学図書館蔵）

家だっただろう。さしあたり、私たちの勉強には格好の教材ではないか。実際、科学史のほうでは当時のイスラム教圏における天文学の発展段階がわかる貴重な資料とされていることでもあるし、ひとつじっくり見てみよう。

まっ先に目につくのは、男たちの服だろうか。いずれも帝国を代表する学者であるにちがいない彼らの服は、赤、紺、グリーン、オレンジなどと、目のさめるような鮮やかさを競っている。こんにちの私たちにも最良の絵具が使われたのだと納得させるにじゅうぶんの明るい画面だ。それぞれの体の姿勢も、立ったり、すわったり、中腰になったりと種類がけっこう豊富だし、これなら案外わかりやすいというか、明快な絵じゃないかと思う人もあるかもしれない。

この安心感は、おそらく中央上部、横長の茶色のテーブルの上に置かれた道具のかずかずを見た瞬間、さらに確かなものになるだろう。わかるわかる、小学生が描いた絵だよね。空間意識が未発達なんだ。

この絵は真上から、あるいはななめ上から、室内の情景を見おろしている。だからテーブルの上のもろもろも当然そのように表現されるべきはずなのに、砂時計は真横から見た図になっているし――寝かせて置いてあるわけじゃないだろう――、かと思うと三角定規はちゃんと三角に見える、つまり真上からの図になっている。要するに視点がてんでんばらばらな上、道具はいちいち奥ゆきも陰影もあたえられず、まるでシールか何かのように卓上にぺたぺた貼りつけられるだけ。なるほど、なるほど。自分もむかしはこんな絵を描いたなあ。遠近法なんか意識しなくて。それでけっこう担任の先生にほめられたりして。……残念ながら、この読解は、一から十まで誤りなのだ。

実際は、小学生どころの話ではない。

それよりもはるかに私たちの理解から隔絶している絵なのだ。なぜならこの情景は、真上から見たものではない。ななめ上から見たものでもない。にわかには信じてもらえないかもしれないが、この情景は、じつは横から見たものなのだった。

建物全体を見てみよう。

縦長の長方形の枠線《わくせん》の上に、ちょこんと三角の屋根が乗っかっている。これが絵の見かたを指示する約束事《ごと》というか、ガイドラインになっているのだ。つまり、ここに天文所の建物がある。その壁には大きな窓があいている。たまたま外の通りを散歩していた画家がふと内部をのぞきこむと、そこには色とりどりの服を着た十数人の男たちがいて、立ったり、すわったりしつつ観測活動をおこなっている。画家はおもむろに筆と絵具を鞄からとりだし、路上にたたずむ。どれどれ、ちょっと描いてみようか……。

こうして画家は筆を走らせはじめるのだが、ここで彼には、もうひとつ約束事がある。それは、

「近くのものは下に描き、遠くのものは上に描く」

というものだ。

ここが同時代のヨーロッパの肖像画家とは決定的にちがうところだ。ヨーロッパの肖像画家は、近くのものは大きく描き、遠くのものは小さく描く。かんじんなのは大小であって、位置は何の関係もない。しかしオスマン・トルコの細密画家は大小には無頓着、ただただ画面上の位置によってのみ事物の遠近を指定する。すなわち彼らは、遠近法を「意識しない」のではない。ましてや空間

意識が未発達なのでもない。ただ私たちの常識とはまったく別種の遠近法を意識しているだけなのだった。

天文所の男たちは、横に三列になっている。かりにいまそれぞれを上段、中段、下段と呼ぶとすると、画家に——壁の窓に——いちばん近いのは、下段の五人にほかならなかった。その奥に中段の五人がいて、その奥にテーブルが横たわり、さらに上段の六人、赤っぽい本棚（本は寝かせて積んである）、そしてアラビア文字の書かれた壁とつづくわけだ。

もしもおなじ情景をヴェネツィアから来た肖像画家が描いたとしたら、上段の六人や本棚はそうとう小さく描かれるにちがいない。逆に、下段の五人はこれでもかと言わんばかりに画面を占領することになる。いちばん手前にいるからだ。

いや。

人間よりもさらに目立つのは、おそらく地球儀になるだろう。何しろ下段の男の列のまんなかという特等席を占めているし、台座つき、弓《ゆみ》つきの堂々たる風采をもっており、なおかつ人間よりも背が高い。きっと画面の中央をまるまる占領してしまうにちがいないが、そうなると、この絵はひとつ大きな魅力を減じることになる。うしろで紙に何か書いているくるみ色の服の記録係も、テーブルの上の砂時計も、その左のめずらしいアルミラ球儀も、みんなみんな隠れてしまうのだ。

じつを言うと、この絵がこんにち科学史のほうで珍重されるのは、むしろ人物よりも道具のためだった。一五〇〇年代末のイスラム圏において自然科学がどこまで発展していたか、どこまで他の文化圏と――ヨーロッパや中国と――交流していたか、それを知るために格好の材料だからだ。ところがヨーロッパ的な一視点の図法では、これらの観測器具はごっそり奥へ追いやられてしまう。早い話が、上段、つまりテーブルの向こうの男たちは地球儀の威容に覆われるか、そうでなくても豆粒大になってしまうから、彼らの使用している道具が右から、

アストロラーベ

四分儀

コンパス

角度定規

と、すべて角度に関するものであることもわからなくなる。これでは科学史の発展段階を読み取ることも不可能だし、それ以前に一枚の絵がもつ寓意を汲むことも不可能になってしまうだろう。ヨーロッパ的な肖像画には、そう、死角の存在は避けられないのだ。

一視点の画法のもつこうした欠点には、ヨーロッパの画家たちは、むろん早くから気づいていた。そこでルネサンス以降の西洋絵画史は、この図法がどんどん普及し、権威と化し、ついには絶対的な尊敬を受けるにいたる歴史であると同時に、そういう権威への反逆の歴史でもあることになる。その反逆者のなかでも最初にはなばなしい成功をおさめたのが、一八六〇年代フランスの、「印象派」

の画家たちだった。セザンヌのあの腕力でむりやり空間をねじまげたようなりんごの絵も、モネのあの事物の立体性よりも網膜にのっぺりと映る一瞬の光のきらめきを優先したような睡蓮の絵も、

みな伝統的な一視点の画法に対する果敢な挑戦だった。死角への挑戦ともいえるかもしれない。

その挑戦の歴史の最高峰に立つのは、たとえばこんな作品ではないだろうか（図13）。題名は「水浴の女とビーチ・ボール」。作者はキュビスムの創始者ピカソ。一九三二年というからピカソ五十一歳、フランスに印象派があらわれてから約七十年後の作品だ。

ご覧のとおり、ここでは遠くのものは小さく見えるという一視点の画法の約束は最低限まもられながら、しかし主人公である紫色の水着の女に対しては思いっきり多視点の画法が採用されている。白いボールを打ち返すという激しい運動のさいちゅうの女の、目や、くちびるや、乳房や、腹や、陰部の割れ目や、尻や、くるぶしや、かかとを全部いっぺんに画面におさめるため、ピカソはあえて複数の――ほとんど無数の――視点を設定したのだった。

つまりここには、一視点と多視点の、

「両立」

がある。本来ならば相矛《あい》盾するはずの画法をみごとに統一し、調和させたピカソの技はやはり大したものと言わざるを得ないが、じつは小説の世界にも、これとおなじ至難の業をなしとげた作品があると言ったら読者はびっくりするだろうか。しかもその作品とはオルハン・パムク『わたしの名は赤』なのだ。

してみると、ひょっとしたら『わたしの名は赤』は、キュビスムで書かれた長篇小説なのかもしれない。とにかく検証してみよう。私たちは、ここでふたたび美術論から文学論へと立ちもどることになる。

図13　パブロ・ピカソ「水浴の女とビーチ・ボール」
(1932年。ニューヨーク近代美術館蔵)

第八講　『わたしの名は赤』歴史ミステリの成分分離

一般に、小説の文章技術では、人称ということがやかましく言われる。ためしにオルハン・パムクと同世代くらいの日本の作家から例を挙げるなら、一人称小説とは、

月曜日にぼちょぼちょに良いことをしたら、水曜日にもしょもしょが僕のところにやってきた。「どうも先生、先日はぼちょぼちょがなんかえらいお世話になったちゅうことで」ともしょもしょは言った。

「あんなものたいしたことではないんです。日本人として当然のことをやっただけのことです」と僕は言った。僕はわりに謙虚なのだ。

（村上春樹「もしょもしょ」『村上朝日堂超短篇小説　夜のくもざる』所収）

二人称小説とは、

おまえは迷っている。迷う時間はまだ充分にある。

骨を拾う。夫から世間一般の慣習とまるで違うことを依頼される。実行するかどうか、おまえは選択を迫られている。しかもそれは夫の最後の頼みであって、肝心の本人はもういない。無視しても、別の方法を選んでも、本人が何か言うということはない。もう言葉を交わすことはないのだ。おまえは自分一人で決めなければならない。

（池澤夏樹「骨は珊瑚、眼は真珠」『骨は珊瑚、眼は真珠』所収）

三人称小説とは、

苑田は朱子《あやこ》のそんな最後の情にひきずられるように小指に紅をつけて朱子の唇に押しあてた。朱子は閉じた瞼からひと筋涙を流していたが、静かな無心な顔だった。

——この女はここまで俺に従《つ》いてきたのだ。

ふとそんな感慨が湧いた。もう一年近く忘れていた人間らしい情が不意に胸の奥からつきあげてきて、指先に流れた。紅を塗っていた小指が震え出し、苑田は思わず朱子を抱き寄せた。

（連城三紀彦「戻り川心中」『戻り川心中』所収）

という叙述のスタイルを意味する。行動の主体を「僕」という話し手に置くか、「おまえ」という聞き手に置くか、あるいはそれ以外の第三者——右の場合は「苑田」という大正時代の天才歌人——に置くかで決まるわけだ。

いや、事はそう単純ではない。
もういちど村上春樹の超短篇を見てみよう。なるほど作中の出来事はつねに「僕」によって語られているけれど、ときには「もしょもしょ」なる第三者が主語である文章もまじっている。一見すると、純粋に一人称のみの叙述とはいえないのだ。

この問題を解決するには、さっきの定義をほんの少しいじればいい。つまり一人称小説、二人称小説、三人称小説というのは、行動の主体による分類ではなく、心理行動の主体をどこに置くかによる分類なのだ。

心理行動というのは私の仮の用語であり、正式な文芸用語ではないと思うが、これはもちろん、基本的には、

「……と思った」

「……という気持ちになった」

というような直接的な形式であらわされる。いわゆる狭義の心理描写というやつだ。しかし現代小説の場合、出現頻度がより高いのは、むしろこんなふうなさりげないかたちなのではないか。超短篇のつづきを見よう。

もしょもしょは僕に紙袋を差し出した。のぞいてみると、なかにはくりゃくりゃが入っていた。

「いや、あなた、いくらなんでもこんなものをいただくわけにはいきませんよ。これはくりゃ

くりゃじゃありませんか」と僕はあわてて言った。

この「あわてて」が私の言う心理行動にあたるわけだ。もしかしたら他人の目にはのんびり言ったのかもしれないし、ぞんざいに言ったのかもしれないこの発言を「あわてて」したと決めつけるのは「僕」自身にしかできず、その点でこれは心理と同様にあつかうことができる。当然、文章全体も「僕」の心理を――それのみを――なぞったものと見ることができる、したがって一人称小説であると、こういう結論になるわけだ。ときどき第三者が主語である文章もまじっているのは、これはあくまでも彼らの行為を純粋に外面から描いたものだから心理行動にはあたらないだろう。

それにまた、三人称小説にはそれ特有の問題がある。そもそも三人称小説とは、右の定義にしたがうなら「心理行動の主体を第三者に置く小説」ということになるけれども、この第三者ははたしてひとりなのか、それともふたり以上なのだろうか。

一人称小説、および二人称小説にはこういう問題は生じない。僕、私、わし等の一人称で通すにしろ、おまえ、あなた、汝などの二人称でつらぬくにしろ、代名詞をひとつ指定した時点でおのずから心理行動の主体はかぎられるからだ。わかりやすく言うならば、「僕」が出てくれば「僕」のほかに語り手はあり得ないということだ。

けれども三人称小説の主人公は、かならずしも単数とはかぎらない。ひとつの長篇ないし短篇には鈴木君なら鈴木君の心理行動しか出てこない場合もあるし、高橋君や福田君のそれも出てくる場合がある。いわゆる視点の問題だ。すなわち三人称小説には、

一視点
多視点

の二種類がある。右に掲げた連城三紀彦「戻り川心中」は、基本的に「苑田」の視点のみから書かれているから一視点ということになるわけだ。まとめるなら、小説の叙述のスタイルには、

1　一人称
2　二人称
3-A　三人称一視点
3-B　三人称多視点

の四つがあることになるだろう。

などと列挙した直後に何だけれど、2は思考の対象からはずしてしまおう。二人称小説はやはり特殊なものであって、めったにお目にかかることがないという理由もあるけれど、より本質的なところで言うなら、叙述における二人称というのは単なる一人称の裏返しにすぎないことが多いのだ。早い話が、右に掲げた池澤夏樹の短篇だ。ここでの真の主人公がじつは「おまえ」ではなく、「おまえ」に語りかけている話し手自身——死んだ夫——であることはただちにわかると思う。じつを言うとこの引用文のあとには「わたし」という文字どおりの一人称もちゃんと出てくるのだが、出てこなかったとしても原則はおなじ。「骨は珊瑚、眼は真珠」は、妻が夫を葬るのではない。自

己葬送の物語なのだ。
それともうひとつ、3-Aも除外しようか。三人称一視点の小説はさしあたり無視してもさしつかえないだろう。私たちはいま心理行動の主体ということを問題にしているが、それが単数であるという点においては3-Aは1や2と同質であり、いちおう1に吸収され得るからだ。
（厳密には3-Aはもちろん1や2と同一ではない。両者の最大のちがいは作者によるナレーションが可能か否かにある。前者は可能、後者は不可能。しかしここでは話をあくまでも登場人物の視点ということに集中するため、ナレーションの問題には深入りしない。読者はめいめい考えられたし。）
結局、論点はふたつにしぼられる。
一人称
三人称多視点
の二種類だ。すなわち一視点と多視点にしぼられたのだと見てもいいだろう。このことを念頭に置いた上で、さて『わたしの名は赤』の目次を見てみると、これには私はほんとうにびっくりした。感動したと言ってもいい。

1　わたしは屍《しかばね》
2　わたしの名はカラ
3　わたくしめは犬にござい

4　わたしは人殺しと呼ばれるだろう
5　わたしは諸君のおじ上
6　僕、オルハン
7　わたしの名はカラ

以下、ぜんぶで三十三の章題が「一人称＋述語」の形式で統一されている。中身もやはり一人称小説の体裁だ。たとえば第2章は、

だからわたしも、スレイマニィェ・モスクのかたわらに立って、金角湾に降りそそぐ雪を見下ろした。湾に面した北側の屋根には北東からの風が吹きつけ、ドームの片側には早くも雪が積もっている。

という主人公カラの一人称＝一視点による語りであり、第19章「わたくしは金貨」の章にいたっては、

わたくしは二十二金の帝国金貨。わたくしの上にはこの世をしろしめす皇帝陛下の高貴なる花押が刻印されております。（中略）
名人〈コウノトリ〉様はこの三カ月でわたくしのような金貨をちょうど四十七枚も稼がれま

した。みんなこの財布に入っておりますが、〈コウノトリ〉様はひと目を憚ったりいたしません。

などと無生物であるはずの金貨が愛嬌たっぷりにしゃべりまくる。各章それぞれは明快なパースペクティブを持った一視点の小説でありながら、それらの集積としての『わたしの名は赤』はむしろ羅列的な多視点の小説になっているのだ。

何という巧妙な、いいとこどりの小説技術！　……そこに驚くつもりはない。読者もいまさら驚かないだろう。『わたしの名は赤』以前にも、こういう一石二鳥をねらう構成を取る小説はたくさん世にあらわれたからだ。

日本人作家なら、さしあたり村上春樹『世界の終わりとハードボイルド・ワンダーランド』や丸山健二『千日の瑠璃』が思い浮かぶし、外国人なら戦後に話を限っても一九五〇年代のロブ・グリエがもっと激しい人称の実験をおこなっている。私が『わたしの名は赤』の構成に驚嘆するのは、その斬新の故ではないのだった。

ならば、なぜか。

私はおそらく、そこに主題とぴったり一致するものを感じたのだろう。『わたしの名は赤』のモチーフが肖像画と細密画の対立にあることはすでに述べた。その対立がつまるところ一視点と多視点という図法のちがいに由来することも詳述した。「おじ上」をはじめとするあの四人の画家たちは、多視点を旨とするイスラム教の細密画家でありながら、それでも視点の固定をおもんじるキリスト教的肖像画にしぶしぶ——好きこのんで？——手をそめていたのだった。彼らの矜持《きょうじ》も、葛藤も、そうして殺人事件まで起きなければならなかったほどの強迫観念のやりとりも、みなこの仕事のあまりの特殊性からはじまったのだ。

そういう主題とストーリーを持つ小説の大枠《おおわく》を設定するものとして、この構成はまことにふさわしい。一視点と多視点のいいとこどり。形式と内容が、あるいは文学と美術が、渾然一体をなしているのだ。オルハン・パムクは一五〇〇年代イスタンブルのあの四人の画家たちが画紙の上でやろうとしたことを、そうして結局やれなかったことを、現代小説という彼らが想像もしなかった道具でもってやり遂げたといえるかもしれない。べつの言葉で言うならば、『わたしの名は赤』は、ちょうど世界美術史の分野でピカソ「水浴の女とビーチ・ボール」が果たしたような死角の克服を、文学史の上で果たしたのだった。これが驚きでなくて何だろうか。

いやいや。

この程度なら、まだまだ。

たしかに形式と内容の一致は稀有なことだが、これもまた世界初というわけでもない。前例はたくさんある。そもそもオルハン・パムク自身、若いころは絵かきになりたかったのだとか。ならば長じて『わたしの名は赤』という細密画家たちの物語を書くにあたり、絵画における一視点と多視点の問題をそっくり小説のそれに重ねあわせてみようと思いつくのは決してむつかしくはなかっただろう。ほとんど自動的な手続きだったかもしれない。そうなると、わが驚きももうちょっと偉大な何かに対してのものでなければ釣り合いがとれないではないか。単なる『わたしの名は赤』一作をはるかに超えた、歴史ミステリそれ自体の本質にせまる何かへの感動でなければ。

その「何か」の正体とは。

それを知るには、ひとつ初心に帰ってみようか。小説の叙述法における一視点と多視点それぞれの長所と短所をあらいなおすのだ。一見、迂遠なやりかただし、文学論慣れしている読者には退屈かもしれないが、結局はそのほうが早道なような気がするのだ。

†

一視点の小説の長所とは。

誰でも思いつくのは、主人公の心理がたっぷり書きこめるということだろう。とりわけ「僕」「私」などを主人公にした一人称小説ではこの長所が最大限、生かされることになるが、三人称一視点でもじゅうぶんな効果が期待できる。読者はこの仕掛けによって自分が主人公であると錯覚することが容易になり、その錯覚によってストーリーに没入することができる。いわゆる感情移入がしやすいのだ。

もちろん、この長所はそっくりそのまま短所にもなり得る。小説——とりわけ長篇小説——というゆたかな世界がそこにあるにもかかわらず、読者は主人公というたったひとりの人間のとぼしい内面および知見しかあたえられないからだ。世界はそのぶん狭くなり、偏見と錯覚にいろどられることになる。すなわち一視点の小説は、群像よりも個人を、客観よりも主観を、連帯よりも孤独を、表現するのに適したスタイルだといえる。

ところで視点をひとつに固定すると、必然的に生じるのが、

「主人公の目に見えるものは読者の目にも見えるものであり、見えないものは見えないものである」

という現象だ。さっきの死角の問題にも通じるだろう。読者のふだんの生活感覚とまったくおなじ現象であり、これがまた主人公への感情移入をいっそう容易にすることは言うまでもないが、この現象は、じつは近代小説における一大分野、そう、あのミステリと呼ばれる一群の作品の成立のためにも大きな貢献をしているのだった。

理由はかんたん。ミステリとは、謎と謎ときの小説だからだ。

そこでは登場人物のなかのひとり、または数人がかならず謎ときのための重要な手がかりを持っていなければならない。しかるべき時機にしかるべき方法でそれを読者に呈示しなければならない。でなければ謎はいつまでも謎のまま、事件は永遠に解決しないからだ。被害者とおなじマンションに住んでいた。犯行当時たまたま現場ちかくに居あわせた。特殊な科学実験が好きである。美術品の贋作に関する知識がある。左ききである。……手がかりの中身はむろん作品によってちがうけれど、手がかりを持つ人物そのものの存在の必要性という点では共通している。ミステリとは、名探偵の物語である前に、まず情報提供者の物語なのだ。

なーんだ、当たり前のことじゃないかと思う人もいるかもしれないが、その当たり前がじつは一視点の叙述法とすこぶる相性がいいのだ。

こういう情況を考えてみよう。アニーという登場人物が終盤でとつぜん主人公の前に姿をあらわし、最重要の手がかりを呈示した。それによって事件が一気に解決した。主人公の私立探偵は得意顔、被害者も浮かばれる。読者もさだめし大よろこび……かと思いきや、これがアニーの心理行動を含む多視点のスタイルで語られていたらどうなるか。読者はむしろ、こんな疑問を抱きかねないのだ。

「アニーはこれまで何してたんだ。彼女はこれまで何度もこの小説に顔を出してたじゃないか。事件に何の関係もないボーイフレンドとのけんかについていろいろ悩んだことすらあっただろう。あのとき事件に少しでも思いを馳せてくれていたら、少しでも手がかりの存在を思い出してくれていたら、読者はあっさり真犯人をつきとめることができたのだ。だいたいこんな大きな手がかりを抱えていながら頭があのくだらない男のことでいっぱいなんて本当にあるのか。これは一種の詐欺じゃないか」

ミステリ愛好家が気にしてやまない、いわゆるフェア／アンフェアの問題。アンフェアな叙述はマニアのもっとも激しく憤激するところであり、ふつうの読者でももっとも違和感を感じやすいところなのだ。こういう憤激ないし違和感が、そのまま作品全体の低評価につながることは言うまでもないだろう。

もちろん生還率はゼロではない。作家がじゅうぶん注意して書けばいいという話ではあるし、またその「注意して書けば」というところに技術の情熱を燃やしてしまうのがミステリ作家の性《さが》なのだ。実際、警察小説などにおいては（ほかのジャンルでも）多視点のスタイルをとるほうが多いし、成功例も無数にある。しかし「謎と謎解き」というそもそもの原理に立ち帰ってみると、やはり元来ミステリは多視点よりも一視点のほうが向いているという事実は動かしがたいと思われるのだ。一視点では死角が大きい、という素朴な事実が、謎という大きな死角の魅力でひっぱるミステリの基本構造に素直に合致するのである。

いっぽう、多視点の小説の長所とは。

手っとり早いのは、さっき挙げた一視点の小説の短所をそのままひっくり返すことだろう。一視点の小説は特定のひとりの人間と徹底的につきあうぶん、世界がせまくなり、偏見や錯覚が幅をきかせる度合いが高くなりがちだ、というようなことを私は述べたが、それなら多視点の長所とは、世界がひろくなり、偏見や錯覚ののさばる余地がなくなることだろう。巨視的で公平な展望が得られることだろう。

ところで、ここで言う、

「世界」

とはいったい何か。さしあたりはもちろん人間社会を意味するにちがいない。これも先ほどの言いかたの裏返しになるが、多視点の小説というのは、個人よりも群像を、主観よりも客観を、孤独よりも連帯を、表現するのに適しているのだ。ほかにも世界というのは地球上の居住可能な地域だとか、地方や国家の集積だとか、いっそ世の中とおなじだとか、いろいろな定義のしかたができるだろうが、いずれにしても私たちのまわりの「場」全体をさすことは明らかだ。

が、事はそれだけでは終わらない。

かりに右のような世界を空間的世界と名づけるなら、ほかにもうひとつ、「時間的世界」も存在してもいいのではないか。ひとりの人間の、ないしひとつの社会の過去および現在はもちろん、場合によっては未来までをも多視点の小説はあっさり視野におさめることができる。時間の移動が自由になるのだ。

もちろん、一視点の小説でも時間の移動は不可能ではない。ないが、しかし実際のところは主人公＝視点人物がものごころつく前の出来事はふつうは誰かからの伝聞のかたちでしか読者に呈示することができないし（したがって心理行動の叙述は不可能）、ましてや死亡後のことはどう記しようもない。主人公の目に見えるものは読者の目にも見えるもの、見えないものは見えないものというあの一視点の小説の特徴がここでも大きく作用しているのだ。

しかし多視点の小説はちがう。ものごころつく前どころか三百年前のご先祖様の心のなかですら、たったいま見てきたばかりのように平気でずらずら述べることができる。むろん三百年後の子孫の胸中もだ。この自由さはちょっと比類がないくらいで、読者は誰でもたましいを、空間的にも、時間的にも無限に遊ばせることができる。どこでもドアとタイムマシンを合わせたような仕掛けなのだ。或る意味、究極の交通手段だろう。もちろん読者は、作者が記すかぎりにおいての旅しかできないけれども。

多視点の小説の持つこういう特徴がミステリの基本構造に合致しないかわり、歴史小説には最適であることは、これは贅言《ぜいげん》を要しないだろう。北条政子なら北条政子、ピョートル大帝ならピョートル大帝、たったひとりの人物の生涯をべったりと記すだけなら一人称でもかまわないが、その一代記にほんの少しでも巨視的な視野をあたえ、ほんの少しでも歴史的背景の裏打ちをほどこそうとするならば、多視点は最適、というより、作家はそれに拠るしか方法がないのだ。

このことの好例を示すのは、司馬遼太郎『新選組血風録』だろう。この戦後日本を代表する歴史小説家による代表的な連作短篇集のなかの「虎徹」一篇はわずか三十ページ強、ちょっと短すぎるくらい短いが、しかしそこでは読者はまさに空間を、時間を、くるくる奔走させられるのだった。

くわしく見てみよう。まずは冒頭。新選組局長となる前の近藤勇が芝愛宕《あたご》下の刀屋をおとずれ、注文しようとしているところ。近藤は、刀屋のあるじ伊助に、

「虎徹はないか」

と問うた。伊助は内心、こんなふうに近藤をばかにすることになる。

虎徹は、若いころの作刀と晩年のそれとは、値がうんとちがう。一口《ひとふり》数百両というものまである。伊助は、この武士の肚積りが、どれほどかをきいておきたかった。

「おそれながら、どれほどのお心積りでいらっしゃいましょう」

「二十両」

（こいつは田舎者だな）

虎徹が、いまどき二十両やそこらであるはずがない。が、伊助は丁重に頭をさげて、

「よろしゅうございます」

（『新選組血風録』）

すなわちこれは、空間的には江戸であり、時間的には幕末であり、視点人物は伊助である場面ということになる。以下との比較のためゴシック体で**江戸・幕末・伊助**とあらわすこととしよう……などと思うまもなく、話はとつぜん切りかわる。そもそも虎徹とは何なのかという歴史的背景の説明の部分に入ったのだ。

　虎徹というのは徳川時代初期、つまり近藤勇の二百年前の世に生きた刀工の名前で、彼の打った刀もそう呼ばれる。切れ味のするどさで虎徹在世時から有名だったが、同時に虎徹その人もまた一種の奇人だった。そのことは、だいじな注文ぬしへも平気でさからう次のエピソードを紹介することで読者へ明快に示される。

> 虎徹入道ができあがったものを持ってゆくと、因幡守が意外によろこばなかった。
> （これが評判の虎徹か）と因幡守はおもった。（中略）
> 虎徹入道は、いきなり立ちあがった。
> ――お気に召さぬか。
> というなり、刀をつかみとって庭へとびおり、ぱっと飛びあがって松の太枝を斬った。

因幡守とは、虎徹の注文ぬしである久貝《くがい》因幡守という大身《たいしん》の旗本。つまりこれは**江戸・徳川時代**

初期・久貝因幡守の場面ということになる（視点は虎徹入道ではない）。わずか二ページで時代も身分もまったくちがう人物へ視点がすっとんでしまったわけだ。読者はついていくのが精いっぱいという感じだろう。しかも話はあっというまにもとへ戻る。ふたたび近藤勇と刀屋の伊助との交渉がたんたんと述べられるのだ。

伊助はようやく、商売仲間から虎徹の一刀を手に入れた。

真贋《しんがん》のあやしい品であることはじゅうぶん知った上で、あえて近藤に売りつけた。近藤は無邪気に「気に入った」と言い、二十両支払い、そうして刀をたずさえて京にのぼったのだった。

或る晩のこと。近藤は、おなじ新選組隊士数名とともに尾州藩邸に入り、公用方の松井助五郎老人と世間ばなしをした。松井老人がたまたま刀の鑑定《めきき》ができるというので刀をわたしてみたところ、松井老人の反応はひややかだった。ただひとこと、

「眼福でござった」

と言っただけで、話をそらしてしまったのだ。近藤はしいて問いつめることはしなかったが、しかしその胸のうちは……。

というわけで、ここから近藤の心理が述べられるわけだが（つまり場面は**京・幕末・近藤勇**）、その述べる文章はこんなふうだ。おもてむきは作者による説明のかたちを取っているから、視点は作者だとしてもいいかもしれない。

単なる無口なら愚者である。が、近藤の場合、肚のなかでは、数百語が煮えかえっていた。

近藤は松井老人の不遜な態度を憎んだ。手にとった以上、なにがしかの評語があってしかるべきではないか。

とまあ、こんな具合につぶさにストーリーを追いかけていくと、「虎徹」一篇では右の三人をふくめ、なんと七人もの人物がどこかで視点になっている。ほかの四人は新選組の沖田総司、斎藤一、土方歳三、および土佐藩脱藩の浪士・北添佶磨《きつま》。作者も入れるなら八人だ。まったく猫の目もいいところだし、敵味方も関係なし。ここにもし「虎徹」未読の、しかしこの数字だけを先に見てしまった読者がいたら、その人はたぶん「虎徹」を人口に膾炙《かいしゃ》した娯楽小説とはみとめないだろう。読者を無視した極端な実験小説だと見なすにちがいないのだ。

しかしこの視点人物の多種多様さが、それによりもたらされる空間的な視野のひろさや時間的な射程の長さが、「虎徹」という短篇を雄大闊達《かったつ》にしていることは誰の目にも否定し得ない。わずか三十ページの短篇が五十ページにも百ページにも思われるのは、けっしてそこに込められた情報量のせいばかりではないのだ。

ひるがえして考えるなら、これがもし近藤勇の一人称で通して語られていたらどうだろう。あるいは三人称一視点でもおなじだが、近藤はろくろく刀の鑑定もできないくせに虎徹にこだわる身のほど知らずになるばかりでなく、鑑定できる者の悪口を心中で――心中だけで――つぶやく意気地なしとなる。そのつぶやきは必然的に自己弁護のにおいを帯びるだろう。要するに近藤はひどく器量の小さな人間になってしまうかもしれないのだ。むろん世の中にはそういう書き方もあるだろうし、そういう傑作もあるだろうが、そうなると或る種の個人小説になってしまう。歴史という無数の人間が無限の空間でくりひろげる物語をそのまま読者に感じさせるという目的にはなかなか適いにくいだろう。多視点の融通無碍《むげ》は、歴史小説にこそぴったりなのだ。

いや。

ここまで来れば、もはや小説にかぎる必要はない。人類はもともと歴史そのものを多視点のスタイルで記してきたのだ。古代ローマ時代のプルタルコス『対比列伝』のような伝記作品もそうだったし、そのさらにむかしの大叙事詩『オデュッセイア』もそうだった。日本でも『平家物語』や『太平記』のごとき軍記物が一視点にこだわった形跡はまったくないし、中国にはあの司馬遷『史記』という偉大な例がある（紀伝体だから多視点という意味ではない）。多視点のスタイルが個人よりも群像を、孤独よりも連帯を、表現するのに適している以上、これはむしろ当然のことなのだろう。偶然の現象では決してないのだ。

†

このことをふまえて、さて『わたしの名は赤』に帰るなら、あの長篇小説の構成は、つまるところ一視点と多視点の、

「いいとこどり」

だった。

各章それぞれは明快なパースペクティヴを持った一人称一視点の小説であり、なかには金貨という無生物がぺらぺらしゃべる章さえあったくらいだが、それらの集積としての『わたしの名は赤』はむしろ群像劇にも似た多視点の小説。そこがまた西方キリスト教世界の肖像画（一視点の絵画）と東方イスラム教世界の細密画（多視点の絵画）の対立という内容的な主題にぴったり一致しているのが驚きに値すると私は述べたのだった。

しかし私の驚きは、それのみを対象としたのではなかった。

その奥にあるもうちょっと偉大なもの、単なる『わたしの名は赤』一作をはるかに超えた歴史ミステリそれ自体の本質にせまる何か。それを真の対象としたのだった。

その「何か」の正体は、ここに至って、ようやく明らかになったような気がする。一視点の叙述法がミステリにぴったりで、多視点のスタイルが歴史小説に適しているとするならば、つまり一視点と多視点のいいとこどりをした『わたしの名は赤』は、これはまたミステリと歴史小説のまれにみる一石二鳥をも実現したことになりはしないか。言葉のいちばん本質のところにおいて『わたしの名は赤』は歴史ミステリだということになりはしないか。

このへんの事情は、関係式であらわせばよりいっそう明快になるだろう。

歴史ミステリ＝歴史小説＋ミステリ
＝多視点　＋一視点

ふりかえれば、私はこれまで歴史ミステリばかり読んできた。『時の娘』『荒野のホームズ』『薔薇の名前』……歴史ものとは呼びがたいシャーロック・ホームズものの『緋色の研究』やE・A・ポー「アッシャー家の崩壊」でさえ、それらを書かれた当時の環境へいったん置きもどしてからあらためて読むという歴史ものに準ずるあつかいをした。歴史ミステリを愛することでは人後に落ちないつもりではいる。少なくとも、こうして歴史ミステリについて考えるだけで一冊の本を書くらいには強い思いを抱いているのだ。

そういう人間が『わたしの名は赤』に接したときの驚きは、ひょっとしたら化学実験のあざやかな手際を見せつけられた瞬間の感動にも似ているかもしれない。優秀な先生が酸化鉄から純粋な酸素と鉄を分離するように、『わたしの名は赤』は歴史ミステリから歴史小説とミステリという二大要素をきれいに分離してみせた。その結果わかったのは両者が相反する性格を持つということであり、きびしい緊張関係にあるということであり、したがって歴史ミステリという化合物そのものが本来きわめて不安定なものだということだった。何なら脆弱《ぜいじやく》と言ってもいい。これまで私がそこにどっしり建っていると思いこんでいた、そうして熱烈に愛を捧げていた天守閣は、じつはマッチ棒の城にほかならなかったのだ。

もちろん私は、それまでも気づいていた。

歴史小説とミステリが相反する性格を持つということは経験上わかっていた。たとえば歴史小説では読者ははじめから話の結末を知っているが（織田信長が本能寺に入ったらどうなるか、ナポレオンはワーテルローの戦いに勝てるかどうか）、ミステリでは知らない、というか作者がぜったい知らせないとか。あるいは歴史小説はふつう主人公の幼少時から書き起こすため未来志向型の物語になりやすいが、ミステリは事件が「起こってしまった」ことで話がはじまるので過去探究型のストーリーになりやすいとか。

しかしこれらはあくまでも「そうなりがちだ」という程度の話なので、「そうなる」の域には達していない。傾向ではあっても特性ではない。ましてや一視点か多視点かというような近代小説における根源的な問題にはほど遠く、しょせんは芸談にとどまるのだ。計算式であらわすなど夢のまた夢というほかないだろう。

そうだ。関係式といえば、私はさっき、こんなものも挙げたのだった。

中世＝イスラム教圏＝細密画＝「信じる」＝没個性的・類型的＝多視点の図法
近代＝キリスト教圏＝肖像画＝「見る」　＝個性的・迫真的　＝一視点の図法

ここまで来れば、このふたつの等式にもう一個ずつ、新しい術語をつけ加えることができる。最後のしっぽに注目してほしい。

中世＝イスラム教圏＝細密画＝「信じる」＝没個性的・類型的＝多視点の図法＝歴史小説
近代＝キリスト教圏＝肖像画＝「見る」　＝個性的・迫真的　＝一視点の図法＝ミステリ

すなわちここで、近代とミステリはふたたび等号でつながれるわけだが、考えてみれば、私たちが近代の肖像画に注目したのは今回が最初ではない。『わたしの名は赤』を読むはるか以前、そもそものはじめにジョセフィン・テイ『時の娘』を読んだときにはもうリチャード三世の絵に目をつけていたのだった。

リチャード三世。

あのイギリス史上最高の「悪王」。王位に就くためあらゆる汚い手を使い、あらゆる政敵を粛清し、しかも王位に就いたのちには十二歳と十歳のかわいい先王の王子たちまで始末した。ロンドン塔のベッドの上で枕をおしつけて窒息死させたのだ。暴戻《ぼうれい》残虐、奸佞邪智《かんねいじゃち》、これ以上ひどい人間はいないと百年後のシェイクスピアに言わしめたその悪王の肖像画をまのあたりにして、ロンドン警視庁の名刑事、グラント警部はしかし、

「あまりに良心的すぎた人物だ」

という印象を抱いた。そうして、かたわらの医師に、

「ぼく個人の体験から言っても、また、事件記録の上から見ても、こういう顔をした殺人犯人というのは見たことがありませんな」

と喝破したところから『時の娘』ははじまるのだった。

このことを思い出すとき、私たちはため息をつかざるを得ない。ヨーロッパの人間がどれほど肖像画というものを信頼しているか、どれほど写実という価値そのものを信頼しているかを強烈に見せつけられた気がするからだ。

そうではないか。グラント警部がここでしたのは、シェイクスピア以来四百年ものあいだ世間に定着しつづけている悪玉通念と、目の前にあらわれた肖像画のほんの一瞬の善なる印象とを天秤にかけて、ためらわず絵のほうを取ることだった。肖像画こそ決め手なのだ。もちろんグラント警部が名刑事であり、殺人犯の顔を見わける玄人《くろうと》であるという事情もあるにはあるが、それを言うなら彼が美術には素人であることも考えに入れるべきだろう。そういえば『わたしの名は赤』の「おじ上」は――リチャード三世の約百年後の人物ということになるが――皇帝《スルタン》の外交使節としてヴェネツィア共和国へおもむいたとき、貴族の家で一枚の肖像画に出くわして、

「まるで本物にしか見えない」

と驚倒したのだった。写実的な絵をよしとするキリスト教徒の精神は、そのまんま二十世紀のグラント警部という事実上の無宗教の人間にまで引き継がれていると言えるだろう。まさしく近代は「見る」時代なのだった。

が、そういう議論もさることながら、ここまで来ると気になるのは『時の娘』の叙述スタイルのほうだった。この長篇小説は、はじめからしまいまで、グラント警部の一視点で通しているのだ。より正確には三人称一視点、先ほどの分類の３‐Ａにあたる。

多視点＝歴史小説、一視点＝ミステリという等式に照らすなら、『時の娘』は歴史小説よりもミステリであることを選んだ作品と見なすこともできようが、しかしいまや、『わたしの名は赤』のあのみごとな一挙両得ぶりに接してしまった私たちには、この片肺飛行がいささか物足りなく感じられるのも事実だろう。ジョセフィン・テイはどうして『わたしの名は赤』に学ばなかったのかな

どという無茶苦茶きわまる感想も思い浮かぶくらいだ。少なくとも『時の娘』には、歴史小説ふうの臨場感はまるで存在しない。『時の娘』はあくまでもリチャード三世の話ではなく、グラント警部の話なのだ。

してみると、『時の娘』はもういらないのだろうか。

最新のジェット機が世に出たあとの単発機のような旧時代の産業遺産でしかないのだろうか。あるいは古典という名のほまれある、しかし実用性のかけらもない神具にまつりあげられるべき作品なのだろうか。それも仕方ないかもしれない。何しろ初刊は一九五一年（村崎敏郎による邦訳初刊は一九五三年）、もう六十年以上も前のことなのだ。どんなものにも寿命はある。『時の娘』はただその長い寿命をまっとうしただけなのだ。

いや、ちがう。

『時の娘』は死んではいない。こんにち読んでもふつうにおもしろく、あっというまに読み終えてしまうとは私だけでなく多くの人が言うことだし、そういう面での魅力はむしろ『わたしの名は赤』をも上まわるだろう。それはまあたしかに歴史小説とは呼びづらいけれど——現代小説なのだから当たり前だ——、それでも歴史叙述とミステリの双方の魅力をそなえているという点では『時の娘』は依然として世界に冠たる歴史ミステリにほかならないのだ。実際、私がこの本の第一講で「歴史ミステリ」と紹介したときには、みなさん、ほら、誰ひとり違和感を抱かなかったじゃありませんか。これはどういうことなのか。

どうやら私たちの旅は、そろそろ終わろうとしているらしい。

どんな旅人も最後はわが家のドアをひらくように、私たちもまた『時の娘』のページをふたたびひらかなければならないのだ。もちろん、彼はむかしの彼ではない。世界のさまざまな風景を見、文物を見、人間のありさまを見てきた目には、もとの家ももはやまったく違うふうに見えるだろう。

第九講　『緋色の研究』ホームズとワトスン君が交わす視線

しかし『時の娘』にかえる前に、ひとつ置き残した問題がある。

第六講の最後のところで、私はたしかこう述べた。宗教とミステリは両立し得ないと思いきや、言語面での合理性の重視ということにおいて両立し得る。あるいはきわめて重要な共通項をもつ。宗教なら神学論争、ミステリなら数々《かずかず》の証拠の関係づけ、どちらももっとも根本的なところでおなじものを追求しているのだ。

が、よく考えてみれば、言語というのは元来が合理性をめざすもの。そのことはむかしもいまも変わらないし、洋の東西も問わないだろう。逆に言えば、そんなあまりにも普遍的でありすぎる言語の特質を根本的な成立条件にしているミステリはつまり、いつの時代でも、どこの国でも存在し得ることになる。ちょうど宗教がそうであるようにだ。

ところがそのいっぽう、ミステリという小説の一ジャンルが産業革命期のイギリスに生まれたという歴史的事実はやはり厳《げん》として存在するのだから話はややこしい。誰が何と言おうとコナン・ドイルは一八〇〇年代ロンドンの作家なのであり、それ以外ではないのだった。かたや無限のひろがり、かたや明確な限定。私たちはこの時間的、空間的な矛盾をどう「合理的に」関係づければいいのだろう。どう説明すればいいのだろう。

いまなら私たちは新しい武器を手に入れている。その武器とは、言うまでもない、あの一視点と多視点の関係式だ。あの式ではミステリは「肖像画」や「一視点の図法」と等号でむすばれていた。このへんのところが突破口にならないだろうか。

そんなことを念頭に置きつつ、ヨーロッパの歴史をあらためて眺めてみると、ひとつおもしろいことに気づく。産業革命の時代というのは、絵画の分野では、じつは肖像画というものが完成の極に達した時期だったのだ。

ここでいう肖像画とはもちろん——前講にひきつづき——写実的な人物画を意味するが、その意味での肖像画の歴史はじつは意外にあさい。何しろ一四〇〇年代、フランドル地方（こんにちのベルギー）にヤン・ファン・エイクが出たのがきっかけなのだから、ほんの六百年しか経っていないのだ。

ヤン・ファン・エイク。

これはもう、とつぜんあらわれたとしか言いようがない。

彼以前には対象となる人物をなるべくそっくりに、なるべく精密に描こうという画家はいなかったし、そもそもそういう風潮自体がないにひとしかった。逆に言うなら、ほかの画家たちが類型的な、様式的な、のっぺりとした宗教画をせっせと量産しているそのときに、彼は、彼だけは、息をのむような迫真的な市民像をあざやかにカンヴァスに定着したのだった（図14）。おそらく彼のすごしたフランドルが当時最先端の経済大国——事実上「国家」をなしていた——だったこと、それだけに市民のあいだに現世利益への志向が強く、キリスト教の抑圧があまりなく、絵具の製作技術もすすんだこと等が関係すると思われるが、とにかく各国の画家はヤン・ファン・エイクの画法にびっくりして、さっそく研究にとりかかったのだった。

この研究をもっともさかんにやったのは、美術先進国イタリアの連中だった。ピサネッロ、ピエロ・デッラ・フランチェスカ、ロベルティ……彼らはめいめい宮廷で貴族やその子女をモデルにしつつ、自分なりの似顔絵を追求した。もっとも、彼らが描いたのは主として「プロフィール」(イタリア語で「プロフィーロ」)と呼ばれる横顔のみの絵だったが、これが次の時代のボッティチェッリ、ミケランジェロあたりになると、顔も正面を向くようになるし、写実もいっそう精密になる。一視点の図法を駆使することによって奥ゆきが正確にあらわされるようになったことは言うまでもないだろう。

やがてこの地はレオナルド・ダ・ヴィンチ「モナ・リザ」という世界肖像画史の頂点をなす作品を生み出すことにもなるのだが、それもこれも、もとはと言えばヤン・ファン・エイクという遠いの国のたったひとりの画家からはじまったこと。ちょっと極端な言いかたになるが、浄土真宗に親鸞があるように、クエーカー派にジョージ・フォックスがあるように、肖像画というこの西洋絵画の重要な一分野にも歴史上はっきりとした開祖が存在するのだった。現代の美術史の教科書はしばしばフランドル美術を「北方ルネサンス」などと呼んで地方文化あつかいするけれど、少なくとも肖像画に関するかぎり、話が逆。むしろフィレンツェやローマのほうが「南方フランドル」と呼ばれてしかるべきかもしれないのだ。

図 14　ヤン・ファン・エイク『ヤン・ド・レーウの肖像』
（1436 年。ウィーン・美術史美術館蔵）

まあ、呼称の問題はどうでもいい。ここで大事なのは要するに、こんにちの私たちの考える肖像画というものが一四〇〇年代にフランドルで生まれ、次の世紀にはもうヨーロッパ全体を代表する美術の一形式になったということだ。これ以降、もちろん肖像だけじゃない。ヨーロッパの画家たちは、このとき手に入れた、

「写実」

という強力な武器を、人間以外の対象へもさかんに使いはじめたのだった。

丘の上にたたずむ古城。湾内にひしめく軍艦のかずかず。ねずみ。馬。はこやなぎの木。テーブルの上の皿に盛られたざくろの実。ワイングラス。地球儀。ミイラ化した人間の死体。……彼らはこの世のありとあらゆるものを現実そっくりに写し取ったし、さらには現実にけっして見ることのできない歴史上の事件や空想上の怪獣までをも見てきたように再現した。まことに近代とは写実の時代にほかならなかった。画家たちの仕事は、基本的には、むしろこんにちの報道カメラマンのそれに近かったのではないかと思われるほどだ。この時代のヨーロッパをもっとも広範囲に、もっとも圧倒的に支配したのはハプスブルク家の王ではない。ローマ法王でもない。そう、この「写実」という、固定された一視点への強烈なこだわりを身上とする絵画思想にほかならなかったのだ。

マニエリスム。バロック。ロココ。ロマン主義。こういう近代にあらわれた七面倒くさい様式名はしょせん写実のしかたにつけた名前であって、写実そのものを疑う体《てい》のものではない。画家たちの、ないし一般の市民人たちの写実への信頼はまったく盤石だったのだ。そうしてこういう写実的絵画による支配がピークに達したのは、一八〇〇年代、すなわち産業革命まっさかりの時代だった。

などと言うと、あるいは読者は、
「おいおい」
と首をかしげるだろうか。年表を見れば、その一八〇〇年代にこそあの印象派という写実反対の大勢力が台頭したことは明らかだからだ。印象派はやがてフランス画壇を席巻し、ヨーロッパ中に拡散し、新たな支配者の座に就くだろう。そうして従来の写実的絵画の画家たちに、それこそ報道カメラマンのような非芸術的な、たましいのない、一種の技術労働者というような「一段ひくい」社会的イメージを付与することになるだろう。その印象派が、どうして写実的絵画と共存し得るのか。

（念のため注しておくが、ここで言う「写実」とは、一八〇〇年代フランスの評論家シャンフルーリや画家クールベによって一時期さかんに唱えられた美術運動としての「写実主義《レアリスム》」をさすのではない。なるほどモネやシスレーはこの一時代前の美術運動にじかに刺激を受けるかたちで印象派の主張をおしすすめたけれど、究極のところでは、それよりもはるかにスケールの大きい「本物そっくりに描く」ヨーロッパ絵画四百年の伝統そのものを彼らは仮想敵にしたのだった。）

が、現実には、写実的絵画と印象派はちゃんと共存しているのだ。

しかも、最初のうちは平和的共存だったかもしれない。印象派の嚆矢というべきエドゥアール・マネ「草上の昼食」（図15）は、少なくとも画家自身の心づもりによれば、従来の写実的絵画への反逆の意図などみじんも含んでいなかったからだ。

マネはもともと、前衛画家でも何でもなかった。

図15　エドゥアール・マネ『草上の昼食』（1862-63年。オルセー美術館蔵）

むしろ伝統をすすんで受け入れるタイプの画家だった。そのことは海軍士官学校の受験に失敗して画家をめざそうとするや否や、まず歴史画家、肖像画家として有名だったトマ・クチュールという人のアトリエに通いだしたことからもわかるだろう。もっとも、マネは天才だ。たちまちこの師がもの足りなくなり、自分でいろいろ研究しだしたが、そのさい研究の対象としたのもやはりルネサンスやバロックの巨匠たち。どこまでも伝統を尊重していたのだ。

　そんなわけだから、一八六三年春、「草上の昼食」という縦横《たてよこ》ともに二メートルを超える大作をサロン（芸術アカデミーの展覧会）に出品しようとして落選したことは彼をたいそう落胆させた。しかも、ただ落選しただけではない。この絵は皇帝ナポレオン三世の設置した「落選展《サロン・デ・ル・フユゼ》」へまわされ、そこで世間の冷笑と嘲罵をおもうさま浴びることになるのだった。

酷評の理由は、おもにふたつ。

ひとつはヌードだ。もちろん一糸まとわぬ女性の裸はそれ以前からごく当たり前に描かれていたし、このときのサロンでも、それを描いたものが堂々と当選を果たしている。が、それはあくまでも神話画や宗教画のような誰もが知っている物語の枠《わく》をかけられた、あるいは物語を口実にした絵のなかでこそ許されるもの。そういう枠のない同時代の現実の風景のなかに直接裸体をほうりこむのは破廉恥な、ポルノまがいの行為にすぎないというのが当時の分別ある「大人の常識」だったのだ。言いかえるなら、公衆の面前で乳房をさらしていいのは女神ディアナとか、王女エウロペとか、あるいは新約聖書に登場するマグダラのマリアとかであって、市井の子女ではなかったのだ。

ずいぶん偽善的なことだ、とは言わないことにしよう。性道徳というのは隠微でしかも強力に人間行動をしばるだけに、時代や地域によって激しく内容が変化するものだし、そもそもマネ自身、こういう偽善がかねて気に入らなかったからこそ裸の女性をわざわざ——ごていねいにも脱ぎすてられた服まで添えて——同時代のピクニック風景のなかに置くという風紀紊乱《びんらん》をあえてしたのだ。

まあ、このへんのところは、いまは無視してさしつかえない。私たちが見のがせないのは、もうひとつの理由のほうだった。この絵は「落選展」に掲げられるや、世間から、

「画面がのっぺりしすぎている。奥ゆきがない」

というふうに言われたのだった。

こちらは道徳的批判ではなく技術的批判だから、こんにちの目からの検証もそれなりの意味があると思うが、どうだろう、少なくとも私の目には、じゅうぶん奥ゆきがあるように見えるのだが。

たとえば画面の左下からに右上へ、

麦わら帽子

女性の顔

紳士の顔

川で水あびをする着衣の女性

が、ななめ一直線上にきれいに並びつつ、しだいに小さく描かれているのは教科書どおりと言っていいくらいだし、着衣の女性のさらに向こうでは森の樹々《きぎ》が左右にわかれ、下草《したくさ》の道があらわれ、その道がまっすぐ奥にのびて雄大な山のちんまりそびえる最遠景にぶつかるのもまた秩序整然たる配置ぶりだ。むしろ整然としすぎている。実際、この絵の構図がラファエロやティツィアーノなどの端正な古典をふまえたものであることは隠れもない事実。ここでのマネは、少なくとも遠近法に関しては、決して革新者ではなかった。あくまでもあの「固定された一視点」のヨーロッパ的伝統から足をふみだすことがなかったのだ。

しかしそれはそれとして、この絵はたしかに不自然なところがある。当時の世間もまんざら理由もなく酷評したのではないようだ。

その原因は、おそらく、ふたりの女性にあんまり明るい光をあてすぎた点にもとめられるだろう。ほかのところは男たちの服にしろ、樹々の木肌にしろ、画面左下のほうで咲いている小さな赤い花ですらもが暗い感じで描かれているのに、ヌードと着衣のふたりの女性だけは、まるで無影灯にでも照らされたかの如くしらじらと映し出されているのだ。

むろんマネは、それを意図的におこなった。一種の色彩学の実験として明るさを追求した。けれどもマネにとって意外なことに、世間のほうは、これを伝統への許しがたい、

「反逆」

と受け取った。現代風景のなかに平俗なヌードをもちこんだというのとはまたべつの意味において、マネの絵は、健全な市民のこばむべきものと受け取られてしまったのだ。

早い話が、もし「草上の昼食」をドミニク・アングルが描いたとしたらどうだったか。アングルはマネよりも五十ほど年上、伝統的な写実的絵画の権化《ごんげ》というべきアカデミーの巨匠であり、したがって世間の目には「健全な」画家の代表格だったが、それだけに彼が描くヌードは影をつけることによる立体表現がいちじるしい。代表作「トルコ風呂」（図16）はその集大成だ。

そんなアングル先生なら、当然「草上の昼食」のヌードの女性にも、背中、腹、膝の裏……白い肌のいたるところに濃い影をつけただろうし、その影をさらに目立たせるため女性の背中を猫のように丸めただろう。マネの女性はあんまり明るすぎるぶん色気にとぼしく、どこか陶器製の人形を思わせるところがあるが、アングルの女性はむやみやたらと肌のやわらかさを感じさせる、色気をこえた頽廃美の象徴になっている。こういうアングルの傾向は、あの辛辣な批評で知られる同時代の詩人ポール・ヴァレリーに言わせれば、

「アングル氏の絵は優美さを追究して怪物の境地に到達している。彼の描くのは女というより、古

図16　ドミニク・アングル『トルコ風呂』（1863年。ルーヴル美術館蔵）

代の爬虫類に近いものである」

　などということにもなるのだが、どっちにしてもアングルの女性には影がつく。輪郭に濃い色が配される。それがいわば緩衝材のはたらきをして、周囲の暗い森から「浮かない」ようになることとも、また容易に想像されるところだった。

　マネの女性には、緩衝材がない。

　これは着衣のほうの女性もおなじだが、白い肌はじかに森の暗さとぶつかっている。だから発色の印象が鮮明なのだ……と同時に、だから周囲の森から「浮いて」しまった。まず風景を描いたあとでプラスチック製のシールを貼りつけたような不自然さがのこってしまった。もちろんこれは意図的な実験の結果なのだから、後世がとやかく批判すべきではないが、ところでこの、

「浮く」

というのは、見かたを変えれば、一枚の絵のなかに複数の視覚的原理が存在するということだろう。背景の森や男たちを律するものと、ふたつの女性像を律するものがべつべつなのだ。視点がべつだと言ってもいい。一八六三年春のパリの市民が「草上の昼食」に過剰反応を示したのは、根本のところでは、たぶんここのところが最大の原因だった。絵というのは固定された一視点から見た世界を描くものである、それ以外に現実の忠実な再現はあり得ないのであるというルネサンス以来のヨーロッパ美術の常識を無惨に破壊する危険思想、未開野蛮の暴力行為、そのかすかなきざしを彼らは感じ取ったのだ。伝統への反逆ほど人々をいらいらと不安にさせるものはない。

もちろん彼らは、マネが多視点理論の信者だとまでは思わなかったろう。ましてや中世の細密画《ミニアチュール》がやはり多視点の絵だったなあと思い出すこともしなかったろう。しかし「草上の昼食」というこの不愉快なサロン落選作に、「一視点でないもの」のにおいを嗅ぎつけたことはまちがいない。彼らはそれを悪臭だとは思いつつ、その成分を明快に分析できなかったから、ただ単に、大ざっぱに、

「画面がのっぺりしすぎている。奥ゆきがない」

という感想をもらした。まったく表面的、直感的な批判にすぎず、そういう批判をする彼らこそが悪い意味での印象主義《インプレッショニスム》に毒されていると二十一世紀の私たちは見ることもできるだろうが、結局、

この批判はあたり半分、はずれ半分というところだった。この絵を描いたときのマネには、色彩学的野心はあったけれども、幾何学的野心はなかったからだ。繰り返すようだが、この絵の構図はラファエロやティツィアーノなどの端正な古典を下敷きにしているのだ。

マネ以降、印象派はどんどん頭角をあらわしていく。

セザンヌやゴーガン、ゴッホというような後続の連中がいっそう色彩革命をおしすすめ、遠近法の常識も果敢にぶちやぶるようになる。さらにはマティスらのフォービスム、ブラックらのキュビスムなどという前衛運動が絵画技法を渾沌の域にまで追いつめて、とうとう最後にピカソがあの「水浴の女とビーチ・ボール」(一九三二年)を描くことになることは前にも述べたとおりだった。近代における多視点の美術はここに完成したといえるだろう。世間ももはやこういう傾向に誰ひとり文句を言わなくなったばかりか、かえって一視点にこだわる従来型の絵画をただの黴《かび》くさい骨董品、ただのひからびた化石としか見なくなった。

イエス・キリスト磔刑像のような宗教画のなかの宗教画的モチーフですら印象派的な技法で描かれるのがふつうになってしまったのは象徴的だが、それよりもさらに悲惨な末路をたどったのは肖像画だった。どんなにモデルに似せて描いたところで、いや、似せれば似せるほど、芸術作品というよりは単なる売り絵にすぎないと言われるようになったのだ。芸術的評価という点で、報道カメラマン以下である。

こんにちの私たちにとって、肖像画とはもはや、写真よりも手の込んだ、写真よりも不正確な一種のおみやげ品のようなものにすぎない。少なくとも芸術の主流ではない。ヤン・ファン・エイク以来の栄光ある肖像画家という存在は、ただの似顔絵屋になりさがってしまったのだ。マネ「草上の昼食」からピカソ「水浴の女とビーチ・ボール」まで、たった七十年しか経っていないことを考えると、これはフランス革命やマルクス主義革命をもしのぐ世界史の一大急変というほかないだろう。それはあらゆる階級のあらゆる男女の視界を根本的に変えてしまった。まったくすさまじい七十年だった。

ところで。

この時期、パリとならぶ「ヨーロッパの首都」ロンドンでは、もうひとつの革命が進行している。それは絵画の革命ではないし、政治的革命ではさらにない。文学革命だ。それはあたかも美術史における印象派のように、政治史におけるマルクス主義のように、とつぜん一八〇〇年代後半の世界にあらわれて紳士淑女の眉をひそめさせ、伝統の破壊者と見なされ、そうして世界をあっというまに席巻した。

こんにちに至るも一大市場を形成しているその新入りの名は、ミステリ。そう。コナン・ドイルが、シャーロック・ホームズものを書きはじめたのだ。

†

私は、ドイルの書いたすべてのものに目を通した人間ではない。

だから彼がどれほど印象派を意識していたか、あるいはしていなかったか、それを明示する直接的な証拠をさし出すことはできない。けれども直接証拠じゃなく、情況証拠ならいくらでも出せる。結論を先に言うなら、ドイルは右に述べた印象派＝多視点絵画の勃興に関しては決して無知でも無関心でもなかった。むしろ逆に、ひととおり以上の知識を有し、一定以上の興味をもち、その理論に対してもかなり理解が深かったと思われる。

なぜかというと、まず当時、美術というものは一般に話題性が高かった。もともと新聞や雑誌の挿絵、ポスター、石版画など、市民にとって絵画がごくごく身近なメディアだったところへ、ちょうど美術館というものが発明されて最高級の油彩画が手軽に見られるようになったからだ。本書の主題ではないから詳述は避けるが、一八〇〇年代というのはまた、絵画というものが王侯貴族のなぐさみものから市民の知的娯楽へ変わったという点でも「革命の世紀」だったのだ。

ましてやその絵画でも流行の最先端を行くパリの芸術アカデミーにからむ話題となると、海のこちらのイギリス人も――ドイルはスコットランドに生まれたが――注目せざるを得なかっただろう。もちろんアカデミーに「けんかを売った」印象派の若者がらみの話題もおなじだった。

それに一八七一年には、パリはドイツ人に占領された。フランスが普仏戦争でビスマルクひきいるプロイセンに完敗したからだ。この大難をのがれるため、モネやピサロというような印象派の連中はいっときロンドンに来ていたから、当時十歳くらいだった少年コナン・ドイルもいろいろと街のうわさを耳にしたことは容易に想像されるところだろう。

いやいや、街のうわさどころではなかった。少年の祖父は画家だったし、その祖父の七人の息子のうちの三人までがやはり現役のイラストレーターとして活躍中だったし、その三人のなかにはあの風刺雑誌「パンチ」の表紙を担当したリチャード・ドイルもふくまれている。少年自身の父は役人だったが、とにかくドイル家はもともと画才の家《いえ》だったのだ。

（もっとも、コナン少年の父チャールズは、役人でありつつやはり本の挿絵も描いていたらしい。『緋色の研究』のイギリス版初版には彼による六葉の挿絵がおさめられている。）

こういう祖父や伯父たちが議論するのを聞いていれば、コナン・ドイル少年が、おりから売出し中の印象派の名になじみをおぼえるのはむしろ自然なことだったろう。成長すれば具体的な技術のあれこれを学ぶことも多かったはずだ。そうなれば彼は、いずれあの、

「視点」

の問題にも行き着かざるを得ない。革命はいつの世もまず若者の血をさわがせるものだからだ。

彼は二十八歳のとき『緋色の研究』を発表した。

記念すべきシャーロック・ホームズものの第一作だ。この長篇小説に関しては私たちはすでに第二講でいろいろ検討したが、もういちど読み返してみると、あのときは気づかなかった欠点に気づかざるを得ない。

視点の処理がうまく行っていないのだ。しろうと同然とまでは言わないにしろ、少なくとも、一視点と多視点がみだりに混在している点では未熟と言わないわけにはいかない。それはさながらマネ「草上の昼食」がやはり視点を完全に制御できず、ヌードや着衣の女性をのっぺりと周囲の森から浮かびあがらせてしまった未熟さ――と市民には見えた――に通じるものがあるだろう。そういえば『緋色の研究』は、発表当初、何の評判にもならなかった。この長篇がミステリの隆盛のはじ

まりを告げる画期的な作品であることを知る私たちには、にわかに信じがたい事実だが、これもやはり、あの印象派の歴史のはじまりを告げる画期的な油彩画が最初は世間にさんざん嘲罵されたという事実と一脈通じるという気がする。

実地に検討してみよう。『緋色の研究』がざっくりと前半後半にわかれることは前にもふれた。そのうちの前半部分ではワトスン君とホームズの出会いが述べられ、殺人事件の発生が述べられ、ホームズがお得意の観察と推理を駆使して犯人をみごとつかまえるまでの経緯が述べられるが、そのところの文体は、こんな典型的な一人称小説のスタイルだった。

三月四日のことであった。私がいつもよりすこし早目におきてくると、シャーロック・ホームズはまだ朝食をおわっていなかった。下宿の主婦は私の朝寝を知っていたため、私の分の朝食もコーヒーも用意されていなかった。私は万人同様に、いわれのない癇癪をおこして、ベルを鳴らし、ぼくの朝の支度はできていると、ぶしつけに通告した。それから、黙々とトーストをかじっている同居者（引用者注・ホームズのこと）を横目で見ながら、テーブルから雑誌をとると、時間つぶしにそれをくってみた。（中略）

ホームズがしずかにいった。「じつはその記事はぼくが書いたんだ」

「君が書いた？」

「そう。ぼくは観察と推理の力を持っているのです。そこに書いた理論は、君には空理空論に思えたらしいけれど、ほんとうは、きわめて実用的なものです」

（『緋色の研究』阿部知二訳、創元推理文庫）

視点はもちろん「私」＝ワトスン君に固定されている。ぶれはなし。これが後半部分になると、時代が二十年前に飛び、舞台もアメリカ合衆国へ飛ぶ。ホームズもワトスン君も出てこない。いうなれば歴史叙述に入るわけだ。その文体も、いかにも歴史叙述にふさわしく、三人称多視点を採用している。まずは後半冒頭を。

広大な北アメリカ大陸の中央部には、乾《ひ》からびたおそろしい砂漠があって、長年にわたって文明の前進をはばむ障壁となっていた。シェラ・ネヴァダからネブラスカまで、北はイェローストン川から南はコロラド川まで、荒蕪《こうぶ》と沈黙とが支配している。しかもこのぶきみな地域において、自然はかならずしも同じ気分をたたえているのではない。雪をいただく高い山々もあり、暗く憂鬱な谷間もある。（中略）
この絶望の地には住む人もない。

「荒蕪と沈黙」「自然」などという無生物を主語にする傾向がいちじるしく、したがって視点がどこにあるのか明確ではない（無生物はふつう行動の主体にはなれるけれども、心理行動の主体にはならない）。まあ作者にあるとしておこう。かと思うと、いわゆる物語ふうのこんな文章も見られるのだ。

ある晴れた朝のこと、小麦畑に出かけようとしていたジョン・フェリアは、門の掛金をはずす音をきき、窓からのぞいてみると、砂色の髪をしたがっしりとした中年の男が庭の道を歩いてきていた。まぎれもなく予言者ブリガム・ヤングとみとめたとき、心臓もやぶれるほどだった。こうした訪問はろくなことでないと知っていたので、──戦々兢々としながら、モルモン教の教主をむかえに玄関に走った。

ここのところの視点はあきらかに作者にはなく、ジョン・フェリアという三人称にあるだろう。すなわち『緋色の研究』は、前半は一人称、後半は三人称多視点のスタイルをとるわけで、この点だけを見ればオルハン・パムク『わたしの名は赤』のあの巧妙な「いいとこどり」の発想を百年先取りしたものと見ることもできる。このこと自体は、問題はない。

けれども『緋色の研究』は前半後半で終わりではない。後半のあとにさらに少し、文庫本で八ページほどだが、エピローグのようなものがぶらさがっている。

エピローグといっても内容空疎な後日譚ではない。作者あとがきのようなものでもない。むしろ一篇でいちばんの読みどころがそこにあるのだ。なぜなら、そこでは舞台はふたたび二十年後のロンドンにもどり、ホームズがすべての謎ときをしてみせるからだ。彼が犯人を特定し、みごと捕獲するに至った推理の経路もおのずから明らかにされるだろう。

問題は、この後半とエピローグの境目にある。作者ドイルはこの過去から現在への時間のジャンプを、あるいは多視点から一視点への文体のジャンプを、こんな数行の文によっておこなったのだった。いわば中継ぎの文章だ。

そこでおこったことについては、われわれがすでにその恩恵をこうむっているところのワトスン博士の手記に、この年老いた猟人自身の告白が順を追って書かれているから、それを引用するのが最上であろう。

前後の文脈をすっぱり切ってしまったので、読者はこれだけでは何のことやらわからないだろう。「そこ」「その」などの指示代名詞の指示するものをおぎないつつ、私のことばで成分分析をこころみるなら、

1　ロンドンで殺人事件が発生した。
2　その事件については、（ホームズがすでに犯人をつかまえたが、）その年老いた犯人自身がすべてを告白している。
3　その告白の内容は、ワトスン博士の手記のなかに書かれている。
4　その手記には、われわれはすでに恩恵をこうむっている。
5　以後の話は、その手記から引用するのが最上だろう。

ここに視点の混乱がある。なぜなら5で「最上だろう」という小説構成上の判断をおこなったのは誰かというと、これは作者自身としか考えようがなく、したがって4の「われわれ」も、作者＋読者の共同体としか受け取りようがないからだ。

むろん厳密には誤りではない。それまではずっと三人称多視点で来たわけだから、ここで作者自身がしゃしゃり出たところで文体の統一がそこなわれることは一応ないのだ。実際、後半冒頭にも作者が視点人物かと思われる濃厚な自然描写があったことだし（さっき引用した部分）。けれども後半部分を支配していたのは、二十年前のアメリカ合衆国を舞台とする、

「歴史叙述」

にほかならなかった。歴史叙述だけがページを占領していたのだ。そこへとつぜん歴史のなかの人ではない、そうして既出のホームズやワトスン君でもない作者自身があらわれて小説そのものの進む方向をむりやり横へまげるのは読者の混乱をまねくだろう。理解を途絶すらしかねない。右の引用がわかりづらいのは、決して前後の文脈をすっぱり切ったせいばかりではなかったのだ。

すなわち『緋色の研究』には瑕瑾《かきん》がある。視点の処理がうまく行っていない部分がある。けれども二十一世紀の私たちは、そこに若き日のコナン・ドイルの技術的未熟を見るのではなく、むしろ理想の高さを見るほうがいいと思う。そもそも彼が『緋色の研究』で一視点と多視点の「いいとこどり」に挑戦しようとしなかったら、こういう瑕瑾はこぼれ出ようがなかったからだ。

その「いいとこどり」とは、具体的には、もちろん前半と後半の文体の差というかたちであらわれている。前半は一人称、後半は三人称多視点。それを併置することで作者は「私」＝ワトスン君

という限られた一人物の内部にじっくりたっぷり寄り添いつつ、しかも「私」をはるかに離れた二十年前のアメリカ合衆国での陰惨な事件をも語ることができる。時空の限定と無限定をふたつながら獲得できる。これは先ほども述べたこと。いまさら蒸し返すことはないだろう。

しかしながら、ドイルの工夫はそれだけではなかった。じつは『緋色の研究』の前半部分、およびエピローグの部分の文体はただの一人称ではなく、さらに複雑な構造をもっている。ふつうの一人称小説なら「私」はすなわち主人公だというのは確固たる法則であり、疑いをさしはさむ余地はないのだが、ここでは「私」と主人公はべつなのだ。役割がきれいに分担されていると言ってもいい。当時の読者はあまり意識しなかったと思われるが、これこそ『緋色の研究』にとって、ほとんど奇跡的なばかりに適した文体だったのだ。

早い話が、この小説の主人公は、誰がどう見てもシャーロック・ホームズだろう。その性格の特異さ、行動の派手さ、発言の意外さ、そしてもちろん殺人事件の解決という中心的なイベントに対するずばぬけた貢献度の高さ。あらゆる点でホームズはもっとも読者の印象にのこる登場人物にほかならないのだ。

しかしその主人公の内面は、じかに示されることはない。一人称の「私」の視点はあくまでも同居人ワトスン君にあるからだ。読者はホームズの心理状態を知るためには「微笑をうかべて」などという純粋な外面描写から想像するか、そうでなければ「いらだたしげに」というようなワトスン君による推測まじりの説明を信じるしか方法がない。いわば隔靴搔痒《かつかそうよう》というところだが、これによって読者はシャーロック・ホームズというよく見れば性格的に問題の多い、理解を絶した行動を取る、変質者すれすれの男に対して一定以上の親近感をおぼえることが可能になるし、その上さらに神秘性をも感じることができるようになる。いわば隣人でありつつ英雄でもある矛盾した人間像をすんなり頭のなかに描けるのだ。一人称という自己同一化を得意とする文体と、三人称多視点という対象の客観化を身上とする文体をミックスしたものと言うこともできる。ドイルの戦略的な勝利だった。

いや、それだけではない。

それだけならば何もミステリだけじゃない、古今東西あらゆる物語や文芸作品に応用可能だし、実際そういう例も多いのだが、この文体はおそらく、じつはミステリにとってこそもっとも適当、もっとも理想的なものだったのだ。逆に言うなら、ミステリは最初からこの身の丈にぴったりの服を着てこの世に生みつけられたわけで、或る文芸の一形式の船出としてはまことに幸運というほかなかった。もちろん、いくら何でも、そこまでドイルが事前に計算していたとは思わないけれど。

よくよく考えてみよう。ホームズものの小説は――ひいてはこの世のすべてのミステリは――、長篇と短篇とを問わず、かなり無理のある構成をとらざるを得ない。というのも、はじめに或る事件が起きると、探偵役はなるべく早く犯人の目星をつけなければならないし、少なくとも、なるべく早く最重要の手がかりの存在をはっきり認識しなければならないからだ。そうでなければ彼の知性は読者にうたがわれ、神秘性が減じ、そのぶん小説全体のおもしろみも減殺されることだろう。探偵役の頭脳のはたらきは、文字どおり「明察神《かみ》のごとし」であるべきなのだ。

ところがそのいっぽう、彼はその犯人ないし手がかりを最初にすべて明かすことはできない。いや、それどころか最後の最後まで隠しとおすことが作者にも読者にももとめられるのだ。クライマックスはやはり閉幕寸前に展開しないと読者の興味がひっぱれないし、読後感も鮮明にならないだろう。「なるべく早く」と「なるべく遅く」。ミステリにおける探偵役とはつまり、こういう時間的に相《あい》矛盾する方面を志向させられる、その意味ではなかなか哀れな存在なのだった。

日本の大岡政談には、たしか「子争い」の話があったと思う。ほんものの母親とにせものの母親にそれぞれ左右から手をひっぱられて泣きだす子供の話だが、あの子供とちょっと似たところがあると言ったらミステリファンは怒るだろうか。とにかくミステリの探偵役がそういう哀れな本質をもつ以上、作者としては、これを単純な一人称で書くのは得策ではない。単純に「私」と探偵役をおなじにしたら、彼がつけた犯人の目星、あるいは獲得した手がかりはそのつど読者に提供しなければフェア／アンフェアの問題が生じるし、それ以前に語りそのものが不自然になるからだ。

私は前講で、一人称はミステリに好適だと述べた。

視点をひとつに固定することにより読者の視野にさまざまな死角がつくれること。それによって謎という理解の限定情況が成立しやすくなり、謎ときの展開もいっそう自然になること。などがその理由だった。三人称多視点では読者の視野がひろすぎて、謎の顔を出す余地にとぼしいのが原則なのだ。

だからミステリの書き手としては、一人称の文体そのものは魅力がある。何とかして使いこなしたい。しかし同時にこの文体は、いま言った「なるべく早く」と「なるべく遅く」の時間的要請にめりめり左右から全身を引き裂かれる危険がきわめて大きい。卓効もあるが毒性も強い、ちょうど劇薬のようなものなのだ。

しかしその毒性も、ホームズ‐ワトスンの文体ならば難なく除去できる。主人公と視点人物をそれぞれ別にふりあてる完全分業制を敷くことで、劇薬は安全な特効薬となるのだ。

その理由は、ここまで来ればあきらかだろう。ホームズがどれほど早い段階で犯人の正体をつきとめようと、どれほど早く重大な手がかりを手に入れようと、ワトスン君は何も知らないまま事件につきあうことが可能になるのだ。当然、読者への報告の義務も生じないし、報告しなくてもアンフェアにならない。不自然にもならない。それでいて死角が多いというあの一人称小説がもつ旨味はみじんも損なわれないのだから、コナン・ドイルが『緋色の研究』以後もシャーロック・ホームズものの全長篇、全短篇を——例外はあるが——この文体でやり通したのはむしろ当然のことだった。シャーロック・ホームズの最強の武器は、虫めがねと、巻き尺と、それに何より、語り部としてのワトスン君にほかならなかったのだ。

いや、話はドイルにかぎらない。その後のミステリ作家はしばしばこのホームズ‐ワトスンの文体を踏襲した。ヴァン・ダインのファイロ・ヴァンスものしかり、高木彬光の神津恭介ものしかり。

そのあげく、

「ワトスン役」

という言葉は、こんにちではもう探偵の助手ないし物語の語り部をさししめす普通名詞となってしまった。TVドラマの宣伝文に、

「ワトスン役の○○を演じる俳優の○○○○は……」

などと書かれていても、私たちは、
「ああそうだ、ワトスンはもともとシャーロック・ホームズものの登場人物の名前だった」
などといちいち思い出したりはしないだろう。ましてやスティーヴ・ホッケンスミス『荒野のホームズ』やウンベルト・エーコ『薔薇の名前』のような公然とホームズものを下敷きにした作品ともなると、文体もやはり「原典」を忠実に再現していることは言うまでもなく、こういう点、ミステリという文芸界の巨大な一分野の基本設計は、スタートの時点できわめて高度な完成の域に達していたとするしかない。もちろん、それ以外の文体もさまざまな作家のさまざまな作品のなかで追求されてきたわけだが、それらはけっして「○○役」という普通名詞を生み出すことはなかった。

こんなふうに考えてくると、あの瑕瑾の原因もおのずと明らかになるだろう。『緋色の研究』の後半からエピローグへと移行するジャンプの部分、あそこで視点の混乱が生じたのはなぜだったのか。

あのジャンプの文章は、文体論的に見れば、三人称多視点が一人称にもどる、そのもどりぎわの文章だった。言いかえるなら、それまで三人称多視点でながながと述べてきた二十年前のアメリカ合衆国での出来事をまるごと二十年後のロンドンの人物の小さな肩にぽんと乗っける文章であり、荷物の積みかえの文章というところだ。作者の苦闘はそこにあったのだ。ふつうならその積みかえ先はただ一か所でいいのだが、何しろ今回の一人称はただの一人称ではない。ホームズとワトスン君というふたりの人物にいわば「分け持たれている」一人称なのだ。作者はひとつの巨大な荷物を二台の貨車へ同時に搭載しなければならなかった。

純粋に形式面だけを見るならば、作者はもちろんワトスン君のみに背負わせたいところだったろう。何しろ文章の上での「私」であり、例の手記の書き手であり、三人称でばらばらになった視点をふたたび一点に収斂《しゅうれん》し得るただひとりの登場人物なのだから。かりに作者がそれを実行したとしたら、あの文章は、あるいはこんなふうになるだろうか。つたない代作を許してほしい。

そこでおこったことについては、私すなわち一八＊＊年のロンドン在住の医師ジョン・H・ワトスンが、すでに手記にこの年老いた猟人自身の告白を順を追って書いているから、それを引用させてもらうこととしよう。

すなわち、ワトスン君による一人称。

ところが形式をはなれて純粋に内容面に目を向けると、この拙文はまったく都合が悪いのだった。なぜならその「年老いた猟人」つまり犯人をつかまえたのはワトスン君ではなく、シャーロック・ホームズなのだから。ワトスン君はこの時点では事件の真相は何もわかっていなかったし、それどころかアメリカ合衆国のアの字も事件とむすびつけて考えてはいなかった。もちろん、これは手記なのだ、あとで振り返って書いている文章なのだという言い抜けはできるにしても、それでもやはりワトスン君が——何も知らない探偵助手にすぎない男が——さあこれから真相を語りますよ、すべての謎をときますよと胸をはって宣言するのは読者の理解と差がありすぎる。だいいちワトスンくんはアメリカになんか行ったことがない。未知の異国の物語をいわゆる「神の視点」で語り得る人物ではないのだ。

かといって、ここをホームズの一人称（三人称でもおなじだが）で語らせるわけにもいかないだろう。それまで一度も出てきたことのなかった文体がとつぜん末尾ちかくで顔を見せることの不自然さは、誰の目にも明らかだからだ。

結局のところ、ワトスン君もだめならホームズもだめ。ほかの登場人物でももちろんだめ。作者自身がしゃしゃり出るしか方法がないというわけだった。作者はいわば消去法による苦肉の策を弄した結果、視点の混乱をまねいてしまった。同情の余地はあるといえよう。後年はともかく、若き日のコナン・ドイルは、この高いハードルをきれいに跳び越すことができなかった。逆に言うなら、ドイルは、そういう無理が生じてもついにホームズ‐ワトスンの文体を手ばなさなかったのだ。

もっとも、この便利な文体は、ドイルの独創によるものではない。

『緋色の研究』の四十六年前、エドガー・アラン・ポーがはじめて「モルグ街の殺人」でデュパンものを発表したとき早くも考案しているのだ。ドイルは『緋色の研究』の冒頭ちかくでホームズにあれだけデュパンの悪口を言わせているくせに、それどころか作者のポーまで実名を出して槍玉にあげているくせに、文体の点ではまったくポーを模倣したのだった。してみると、私がさっきから使っている「ホームズ‐ワトスンの文体」なる手製の文芸用語もじつは不適切ということになるかもしれないのだが、この件については、あらためて考えなおすことにしよう。

†

「ホームズ－ワトスンの文体」

というのは私がこの稿を書くうちにふと思いついた言葉にすぎず、正式な文芸用語ではない。少なくともあの浩瀚《こうかん》な『世界文学大事典』全六巻（集英社、一九九六－九八年刊）にも、精緻をきわめた『世界ミステリ作家事典』（国書刊行会、本格派篇一九九八年刊、ハードボイルド・警察小説・サスペンス篇二〇〇四年刊）にも載っていないようだ。

うまい命名だ、とは自分でも思わない。べつの名前ならべつの名前でもいいのだが、しかしとにかく固有の名前をこの文体にあたえたというそのこと自体はけっこう悪くない仕事だったかもしれない。哲学や社会学のすぐれた論述を読んでもわかるとおり、抽象的な概念に具体的な名前をつけるというのは、或る意味、人間の思想のアルファでありオメガ。新約聖書は「はじめに言葉ありき」と言った。

もちろん私の前におなじことをした人があるなら、よろこんで前言を撤回します。

†

そういえば『緋色の研究』のなかでホームズが口をきわめて非難した人物が、デュパンのほかにもうひとりいた。例によって「私」とはワトスン君。

「君、ガボリオの作品は読んだでしょう」と私はたずねた。「あれに出てくるルコックなら、君の探偵の概念にあたるかしら」

シャーロック・ホームズはふふんと鼻をならして冷笑した。「なに、ルコックなんて、へまばっかりで、見ちゃいられない」腹立たしくいった。「ただ一つのとりえといえば、精力という点だけだ。あの本はまったく、やりきれぬほどいまいましい。問題の焦点は口を割らない被告の身元を外部から確認するだけのことなのだ。ぼくならまる一日かかればできる。ルコック先生は半年もかかっている。あの本は探偵のおちいりやすい誤ちをしめす教科書にならなら役に立つだろう」

私の崇拝している探偵が、ホームズによって二人までこうごていねいにやっつけられてしまっては、私もすこし腹が立った。

ガボリオというのはエミール・ガボリオ。フランスの小説家で、ポーの直後、ドイルの直前の時代に位置する。ポーの影響のもと『ルコック探偵』（一八六九年刊）をはじめとする同名の主人公のシリーズを書いて人気を博した。『ルルージュ事件』（一八六六年刊）は、世界最初の長篇探偵小説と称されることもある。

その人気はたいへんなものだった。旺文社文庫版『ルコック探偵』（一九七九年刊）の訳者である松村喜雄によれば、作者の生活は「原稿を一枚書くたびにメッセンジャー・ボーイが印刷所へ運ぶような」ものだったという。ドイルもむろん読んだだろう。ホームズをしてあれほど非難させたくらいなのだ、よほど愛読していたにちがいない。『緋色の研究』のころのドイルは、まだあまり心の余裕がなかったように見受けられるのである。

ところがここに、ひとつ厄介な問題がある。

右に述べたような『緋色の研究』の前半後半＋エピローグの構成は、じつを言うと、そっくりおなじものが『ルコック探偵』に見られるのだ。

前半で現代の事件が起き、犯人がつかまり、後半でとつぜん別の話になる。そうして後半のおわりで前半と話がむすびつき、エピローグで犯人が逮捕される。むろん偶然ではあるまい。ドイルは明らかに、あの構成を、そっくりガボリオから学んだのだ。

しかもそのガボリオも、ただ単に当時の新聞小説で主流となっている構成にならっただけ（これも松村喜雄が詳述している）。これは何を意味するのか。考えてみなければならないだろう。

思うに、ドイルはもともと小説の専門家でも何でもなかった。大学は医学部だし、本業は開業医だったし、小説執筆はしていたがまあ習作の域を出なかった。そういうところへもってきてミステリという彼自身大好きな、しかし歴史のきわめて浅い種類の小説を書こうとしたのだから方法はひとつ、先人にまなぶことしかない。これはもちろん逆にも言える。ドイルは先人が――ポーとガボリオが――好きだったからこそ自分もミステリに挑もうとした。シャーロック・ホームズなる自分なりの名探偵を世におくり出そうとした。そこで『緋色の研究』は、結果的に、

文体はポー

構成はガボリオ

ということになったのである。ここで文体とは「デュパン－『私』の文体」であり、構成とは「前半後半＋エピローグ」のあの建築法であることは言うまでもないだろう。まことにドイルは忠実な生徒だったわけだが、ただしこの挑戦は、じゅうぶんな成功をおさめられなかった。さっきも述べたとおり、視点という要素において、あの後半からエピローグへのジャンプの部分で混乱を呈してしまったのだ。文体と構成の未消化が同時にあらわれたともいえると思う。

ドイルの力量不足、ではないだろう。この生徒には力量はあった。ただ教科書がなかったのだ。ポーのデュパンものは短篇が三つ、ガボリオのルコックものは長篇が四つか五つ（ルコックがほとんど登場しないものもある）。ドイルは忠実な生徒でありつつ、同時にパイオニアだったのである。

そうして三年後、第二長篇『四つの署名』を書いたときには、ドイルはこういう問題をいちおう解消した。そこでは後半の長い歴史叙述をすべて作中人物のせりふとすることにより、視点のぶれを防いでいる。とにかく最初から最後まで『四つの署名』はワトスン君によって語られているのだ。みごとな発展ぶりである。教科書のなさに苦しんだドイルは、かくのごとく、自分の作品を教科書としたといえるかもしれない。

シャーロック・ホームズが爆発的人気を得たのは、二作の長篇によってではない。『四つの署名』のあとで書かれた「ボヘミアの醜聞」以下の短篇が「ストランド・マガジン」に掲載されたのが契機だった。このことは先ほども触れたけれど、こうしてみると、ホームズは一夕にして成らず、の感がふかい。売れるものには売れるだけの理由があるのだ。世には「彗星のごとく世にあらわれる」という言葉がある。なるほどうまい言いまわしだが、しかし彗星というものは、ハレーにしろマックノートにしろ、太陽のフットライトをあびて地球の夜空に輝くまでに何年も何十年も暗い寒い宇宙空間を進んでいる。そのあいだは単なる汚れた雪玉のようなものにすぎない。ホームズおよびドイルにもまた雪玉時代があったのである。

†

ただしシャーロック・ホームズものの短篇のなかには、ホームズ＝ワトスン文体を使用していないものもある。たとえば「白面の兵士」は、

わが友人ワトスンの考えかたというのは、視野こそ狭いが、すこぶる執拗なところがある。
（『シャーロック・ホームズの事件簿』深町眞理子訳、創元推理文庫）

という一文ではじまることからもわかるとおり、ホームズ自身が語り手となる純粋な一人称小説だったし、それに「マザリンの宝石」は、

ワトスン博士にとっては、ベーカー街の二階のあの乱雑な部屋を再訪するのは、まことに心楽しいことであった。
（同書）

という文章ではじまる三人称多視点。ほかにも同様のスタイルを採るものが二、三篇あるようだ。しかしこれらは数も少なく、また作者ドイルにとっても、長いシリーズを書きつづけるための一時《いっとき》の気晴らしという以上の意味はないらしい。例外あつかいが正しいと思う。私たちはむしろ、長いシリーズのなかで文体をとつぜん変えるときにドイルが最初の一行でそのことを明快に提示する、その気くばりを学ばねばならない。彼はつねに読者に対して方向指示器を点滅させることを忘れなかった。小説をはなれた文章一般のコツでもある。

†

念のため、ひとつ言いそえておく。私は何も、ホームズ－ワトスンの文体はミステリにとって唯一至高のものである、世界のあらゆるミステリ作家によって常時不断にもちいられるべきであるなどと主張しているのではない。もしもそんなことが実現したらミステリの世界はずいぶん狭いものになってしまうし、だいいち実現しっこないからだ。

ちょっと歴史をふりかえるだけでも、私たちは、たとえば純粋な一人称の文体が古今東西さまざまな作家のさまざまな作品によって意識的にえらび取られているのを見ることができる。そのことによってホームズものとは一味ちがうミステリの魅力が打ち出されている例もまた決して少なくないのだ。

早い話が、ハードボイルド。

レイモンド・チャンドラーのマーロウものやロス・マクドナルドのリュウ・アーチャーものを持ち出すまでもなく、その叙述はたいてい「私」「おれ」などを心理行動の主体とする一人称のスタイルでつらぬかれている。語り手はすなわち主人公であり、探偵役であり、それ以外に視点はないというのがハードボイルドの発想の原点だ。かりにホームズ＝ワトスンの文体の特徴を二極分離的と呼ぶとすれば、こちらはまさしく一極集中的。ハードボイルドというミステリの重要な一分野においては、世界は自分ひとりを中心にまわるというのが原則なのだ。もともとハードボイルドの文体というのは、ヘミングウェイやダシール・ハメットが三人称小説において厳格に外面のみを描写するため用いるようになった文体だが、それが一人称にも転用され、厳格に自分（主人公）のみを描写する方向へ発展したという歴史がある。

しかしそうなると、あの大岡政談の「子争い」の問題はどうなるのか。探偵役は物語のかなり早い段階で犯人の目星をつけられるほど明敏であらねばならないという人物造形上の要求と、しかし彼はその犯人ないし手がかりを最後の最後まで読者の目から隠さなければならないという小説構成上の要求が、それぞれ同時に襲いかかるという例の情況。あれはホームズ＝ワトスンの文体をもちいれば容易に解決できることは前述したとおりだが、さて、純粋な一人称だとどうだろうか。探偵役＝語り手はたったひとりで左右の母親から腕をぐいぐい引っぱられることになる。解決は不可能なのではないだろうか。

こういう二律背反に対して、初期のハードボイルド作家たちはおもしろい解決法をあみだした。

とにかくそれはあまりにも効果抜群だったため、後続の作家によって連続的に、ときには盲目的に利用されることになる。その解決法とは、主人公の性格に、

「ストイシズム」

を付与することだった。

こんにち、ハードボイルドの主人公といえば、私たち一般市民の想像する人物像は決まっている。無口で、がまん強く、どんな目にあっても内面をおもてに出すことのない男。ほんとはけっこう感傷的なくせに、

「あなたは冷酷な人だわ」

などと美しい女性にののしられても言い返すことをしない男。まさしくストイシズムの権化としか言いようがないが、しかしこういう人間だからこそ、物語のかなり早い段階で見つけたものを長いあいだ隠しとおして不自然さを感じさせないことも事実だった。無口なのだから仕方がない、内面をおもてに出さないのだから仕方がないというわけだ。

いや、むしろ隠せば隠すほど彼らの人物の特徴はよりいっそう読者に印象づけられるだろう。そういえば、ハードボイルドに特有のあのぶっきらぼうな文章の調子も、こういう自己表現を得意としない――またはわざと避けている――人物像の定着のためには打ってつけという気がしないでもない。まったくよく考えたものだ。

それに、利点はもうひとつある。主人公に極端なまでのストイシズムをあたえれば、読者はそっちに気をとられ、ほかの要素へ目がとどかなくなるのだ。

要するに、洞察力はあまり問われないということだ。主人公はシャーロック・ホームズのような天才でなくともよく、したがって事件のかなり早い段階で犯人ないし手がかりを見つけることをそもそも強く要求されない。いうなれば読者といっしょに迷宮のなかを手さぐりで進んで行けばいいわけだから「得たものを最後まで隠しとおす」努力ははじめから少なくてすむ。ハードボイルドの探偵たちは読者の案内人というよりは、むしろ同行者にちかいのだ。

フィリップ・マーロウやリュウ・アーチャーというような人物像は、こうしてみると、けっして偶然にあらわれたものではない。

小説技術上の要求をじつに合理的にうけとめた上で成り立っている。彼らの無口や無表情も、その胸の奥にひっそりと燃やされる感傷性の青い炎でさえ、じつは精密な計算にもとづいて設定された「属性」なのだった。私の目には、彼らは作家によって無意識に「生み出された」動物ではなく、はっきり意識的に「組み立てられた」ロボットに近い存在に見える。悪い意味で言うのではない。ハードボイルドはすぐれて理工学的な小説としてこの世にあらわれたのだ。

†

ホームズ‐ワトスンの文体は、ドイルの独創ではない。

『緋色の研究』の四十六年前、ポーの短篇「モルグ街の殺人」がそれを早くも採用している。

だから「ホームズ‐ワトスンの文体」なる用語自体もほんとうは不適切なので、順序関係をおもんじるならさっきのように「デュパン―『私』の文体」と呼ぶほうがいいのかもしれない（デュパンものでは語り手の氏名は不明）。しかしここにもうひとつ、読者の支持という要素を考慮に入れたらどうだろうか。やっぱり後発のホームズのほうに分《ぶ》があるのではないだろうか。ポーのデュパンものがさほど大衆に受けなかったらしいことは、結局のところ、

「モルグ街の殺人」

「マリー・ロジェの謎」

「盗まれた手紙」

の三つの短篇しか書かれなかったことでも明らかだ。デュパンの名を冠した単行本がついにまとめられなかったことも重要な証拠になるだろう。

これに対してホームズものは、短篇五十六作、長篇四作という数の多さもさることながら、何より『シャーロック・ホームズの冒険』『回想のシャーロック・ホームズ』などと主人公の姓名を堂々とうちだした短篇集が五冊も上梓されている。これはすごいことだった。作者ドイル本人があまりの人気にうんざりして、短篇「最後の事件」のなかでホームズを滝から落として死なせたところ、読者から抗議が殺到したため十年後にとうとう「空家事件」を書いて復活させざるを得なかったという逸話はミステリに関心がない人でも知っているだろう。この人気の差は、いったいどこから来たのか。

むろん、作品そのものの大衆性ということはあるだろう。ポーよりもドイルの文章のほうが平明簡易であることは訳文からもうかがわれるし、デュパンよりもホームズのほうが行動が派手で、わ

かりやすく、ありありと読者の目に浮かびやすい。デュパンは行動が地味、というよりは、そもそも部屋から外に出ない人なのだ。

が、そういうところは誰もが気づくだろうから、私たちはもう少しちがった点からこの問題を検討したい。私たちの武器はさっきからひとつ。そう、ここでもやはり、

「文体」

という要素が突破口になるのだった。

デュパンものも、ホームズものも、ともに「ホームズ-ワトスンの文体」を採用している（やっぱりこの呼称を使うことにしよう）。一見すると文体にまったく差はないのだが、しかし前者と後者ではその調子や効果がだいぶん異なる。結論を先に言うなら、デュパンものでは、この文体はじゅうぶん機能していないのだ。

ふりかえれば、ホームズ-ワトスンの文体は役割分担の文体だった。

探偵役と語り手を同一人物とせず、それぞれべつの人間とすることで話を進めやすくし、ミステリ的な興味を増進させる。何より探偵役に英雄性と親近感を同時に付与する。「一人称という自己同一化を得意とする文体と、三人称多視点という対象の客観化を身上とする文体をミックスしたもの」と私はさっき述べたけれど、これを例によって等式化すれば、

探偵役＝主人公　＝O・デュパン＝S・ホームズ＝三人称
語り手＝副主人公＝「私」　　＝ワトスン君　＝一人称

ということになるだろう。探偵役である男は、語り手とはべつの人物だからこそ英雄視されやすく、しかし語り手にじかに語られるからこそ親近感がわきやすいのだ。

このことはまた、べつの述べかたをすることもできよう。

探偵役がまずものを「見る」ことによって事件の解決をはかる存在であることは第六講で詳述したが、その「見る」人間は、作中ではたえず語り手によって「見られる」存在でもある。すなわち探偵役は「見る」と同時に「見られる」特徴をもつのだが、おもしろいことに、これはまた語り手のほうの特徴でもあるのだった。

何しろ視点人物なのだから「見る」人間には決まっているが、その反面、主人公である探偵役からは終始、精密な観察の対象にされている。オーギュスト・デュパンも、シャーロック・ホームズも、じつはその非凡きわまる観察力の最初の対象はめいめいの語り手なのであって、殺人事件はその次だった。シャーロック・ホームズがはじめてワトスン君と会うやいなや、その肌の色や左腕の動かしかたを一瞥して、

「あなたはアフガニスタンに行ってこられたのでしょう?」

と経歴をいきなり言いあててみせたあたりはその最たるものだろう。ワトスン君はまた、ホームズの鋭い視線にまっ先にさらされるという仕事も担っていたのだ。さっきの等式の最後にちょっとつけ加えるなら、

探偵役＝主人公　＝Ｏ・デュパン＝Ｓ・ホームズ＝三人称＝見られる人＝見る人
語り手＝副主人公＝「私」　　＝ワトスン君　＝一人称＝見る人　＝見られる人

ということになるだろうか。

すなわちここには視線の交錯関係がある。相互作用がある。これこそ探偵役と語り手をべつべつに設定する文体の最大の妙味であり、あえて言うなら最大の目的でもあるのだが、この妙味は、デュパンものではほとんど生かされていない。デュパンと「私」は未分化というか、べつべつの人物という感じがしないのだ。その原因は何だろうか。私の見るところによれば、それはデュパンと「私」がつねに、かならず同一の場所にいることだった。

気づいてみると、これはおどろくべきことだった。短篇三作、邦訳合計約一四〇ページを通じてデュパンも「私」もひとりで何かをしたことがないのだ。まるで内側の足の足首をかたく結びつけられた二人三脚の選手のように、ふたりは相《あい》付き添って物語のトラックを駆けぬける。デュパンもの最初の短篇である「モルグ街の殺人」の冒頭ちかくには、

ぼくのパリ滞在中、二人はいっしょに住むことになった。（中略）ぼくたちの、世間からの隔絶ぶりは完璧であった。客の来訪は許さなかったし、この隠《かく》れ家《が》のある場所は、ぼくの以前の知りあいにも秘密にして置いた。それに、デュパンを知る者がパリの街に一人もいなくなってから、かなりの歳月が流れていた。すなわち、ぼくたちはまった

く二人きりで生きていたのである。

（丸谷才一訳／『ポオ小説全集Ⅲ』創元推理文庫）

という記述があるが、これこそ彼らの濃密すぎる関係性を予言し象徴するものとして間然《かんぜん》するところがない。これでは役割分担をした意味がないじゃないか。

少なくともホームズ－ワトスンの文体がじゅうぶん機能し得る情況と呼べないことはたしかだろう。「見る」「見られる」の相互関係はいちおう成立しているとはいえ、ふたりが離れないのでは「私」がデュパンの見るもの以外を見ることも、デュパンが「私」の見るもの以外を見ることも、あんまり少なくなりすぎる。ふたりの視界はひろがらず、視線はごく単純な対面通行のようなものになってしまうのだ。

おそらく小説技術上、「つねにふたり」というのは「ひとり」とおなじなのだろう。もしもこの物語がホームズ－ワトスンの文体ではなく、デュパン本人による純粋な一人称のかたちを取ったとしても、読者の受ける印象はさほど変わらないのではないか。作者ポーが語り手をどこまでも「私」と呼んではっきり名前をつけなかったのも、邪推すれば、こんな事情の結果かもしれない。この語り手は、独立した人格をあたえられる必要はないのだった。

ホームズとワトスン君は、そうではない。

短篇第一作であり人気の火つけ役となった「ボヘミアの醜聞」ひとつを取っても、ホームズはすすんでベーカー街の下宿をとびだして、変装までして街中《まちなか》でいろいろ手がかりを獲《と》ってくるし、ワトスン君はワトスン君で、探索対象の女性の家へ発煙筒をほうりこむような違法行為まであえてして事件解決に積極的に貢献している。まあ違法でなくてもいいのだけれども、とにかく彼らはしばしば単独で行動しているのだった。

このことは、ホームズ－ワトスンの文体にとって最良の結果をもたらした。彼らはめいめい外に出かけたからこそ、ひとりっきりの時間をもったからこそ、ふたたび下宿で顔を合わせたときに生彩を放つのだ。そこでは彼らの「見る」「見られる」の関係はよりいっそう複雑になり、性格のちがいは際立ち、そのことによって事件そのものの様相も一段と奥ふかさを加えるだろう。彼らの持ち寄った情報がふたりの目のフィルターを通してさらに厳密かつ公平に判定されることの利点はいうまでもない。こういう長所が渾然一体となって、あの独特のおもしろさ、読者にページをめくらせる推進力が生まれるのだった。

こんにちにいたるまで、オーギュスト・デュパンよりもシャーロック・ホームズの名前のほうが人口に膾炙しているのは、こういうちがいによるところが大きい。文体そのものはおなじでも、作者がその性能を十全に発揮させられたか否かが分かれ道になったのだ。

もちろん、だからと言ってドイルのほうがポーよりも作家として上だと決めつけるのは早計だ。好みの問題はしばらく措くとしても、ポーのデュパンもののほうが主人公たちに行動の自由がとぼしいぶん、そのぶん人間の知性というものをよりいっそう純粋に、思索的に追究していると評価することは妥当だからだ。デュパンは人物というよりは、一種の概念にちかいのだ。

ひるがえして言うなら、ホームズものには知性的な人間は登場するが、知性そのものは出てこない。これを欠点にかぞえることは決して不当ではないはずだ。ここでは私はあくまでもホームズものの人気の理由をさぐったのであって、人気そのものを絶対視するつもりは毛頭ない。このことは念を押しておきたいと思う。

が、念を押した上でさらに興味を進めるなら、いったいドイルはどこまで文体のことを意識していたのか。どこまでホームズ＝ワトスンの文体の性能をみずから理解していたのだろうか。

この点に関しては、私たちはあまり多くを期待しないほうがいいかもしれない。ドイルがまるで蒸気機関の設計者のように最初から自作のあらゆる特徴を精密かつ完璧に把握していたと推測するのはいくら何でも無理があるし、むしろ彼は、文体に関してはまったく無頓着、ただ興のおもむくまま、ただミステリの漠然たるイメージのまま、ペンを走らせただけということも考えられる。そもそもドイルにとってミステリとは娯楽と小遣い稼ぎの手段でしかない。ドイルはミステリ要素のない純粋な歴史小説こそ小説の王道と考え、ホームズものは辞めたがっていたのだ。それはそれでかまわない。小説の執筆ということにおいては、認識は傑作の母ではないのだ。

†

ここまで来れば、もはや最初の疑問にも答がかなり出せそうな気がする。

人類にとって言語面での合理性の追求とは当たり前の行為であり、時代の今昔《こんじやく》を問わず、洋の東西を問わず、いつもおこなわれてきたことだった。なのにそれを根本的な成立条件にしているミステリという小説の一分野がどうして一八〇〇年代ロンドンという時代的にも地域的にも限定された環境でのみ生まれた（厳密には「育った」）のか。そのほかの時代と地域には生まれなかったのか。

その直接の理由はもちろん、シャーロック・ホームズものが大受けに受けたからなのだが、ならばその大受けの理由はというと、それは、

「ホームズ－ワトスンの文体」

という最新の、しかもミステリに最適な文体がじゅうぶん機能している、その機能ぶりが時好《じこう》に投じたからだった。

それは単なる流行ではない。偶発的な現象でもない。一種の奇跡ではあるけれども、起きるべくして起きたことだった。何しろこの文体は最新の機能をもつだけに、従来の一人称とはちがう、三人称多視点ともちがう独特の複雑さをもっている。緊張感にみちみちた混淆《こんこう》状態とでも言うべきだろうか、とにかくそのあまりの複雑さは、創始者であるポーが——ポーですら——じゅうぶん使いこなせなかったくらいだった。それを意図的にか、はたまた無意識にか、コナン・ドイルがみごとに使いこなして大衆の目の前にさしだしてみせたというのがこの爆発的人気のいちばん本質的な理由だったのだ。

しかも。

受け取るほうのロンドンの大衆は、もはや単なる人間集団ではない。

産業革命という人類がはじめて経験する社会そのものの高度な組織化、体系化にようやく順応しつつある巨大な共同体にほかならなかった。大衆そのものが「集団」というよりは、一個の、

「機構」となりつつあったのだ。当然、それを構成するひとりひとりも、一匹の動物である以上に一枚の歯車。このへんは第二講でもふれたことだから詳述は避けるけれども、彼らはもはや機構の一員である以上、たのしみで小説を読むときも単純な一人称、単純な三人称多視点ですんなり書かれた作品はおそらく物足りなくなっていたのだろう。少なくともミステリという犯罪学の研究――それは究極の社会科学だ――を主旨とする小説のためには役不足という気がしたはずだ。彼らが直面している複雑きわまる現実は、ホームズ＝ワトスンの文体という一人称と三人称多視点の連携、ないし併結による最新型の機能性文体によってこそもっとも直截《ちょくせつ》に、もっともわかりやすく写し取られると彼らはみとめたのだった。

こんなふうに考えてくれば、なるほどシャーロック・ホームズがロンドンに生まれた理由がよくわかる。産業革命がいちばん早く、いちばん高度に進展したのがイギリスだったからだ。

いや、ことはそう単純ではない。ふかい事情をさぐるなら、私たちは、産業革命が大衆全体の小説読解力をいちじるしく向上させたという事実にたどり着かなければならないだろう。製紙業、活版印刷業、製本業というような本や雑誌の出版に不可欠の分野の生産現場は、じつは機械化された工場生産ときわめて相性がよく、一八〇〇年代イギリスの読者は、少し前の時代にくらべて安価で大量の出版物が得られるようになっていた。

このことが大衆をよりいっそう読書に親しませ、小説に親しませたことは想像にかたくないのである。この社会における娯楽小説はさながら競技人口の多いスポーツのごとき活況を呈した。そして彼らは目が肥えた。産業革命の先進国イギリスは、まさにその故に、小説先進国でもあったのだ。

このことはたぶん、ちょうど同時期のフランスが美術先進国だったことと好一対をなすのだろう。フランスは産業革命という点では海の向こうのイギリスに大きく遅れを取ったけれども、美術ならば基本的には一点もの、大量生産とは正反対。べつだん遅れてもかまわなかったのだ。

じつはこの百年前、一七九三年には、ルーブル美術館がひらかれている。フランス革命で王政が打破されたことにより、王宮秘蔵の油彩画のかずかずが市民の目に公開されることになったのだ。フランスにおける美術館訪問の競技人口はこれで劇的に増加した。他国とは比べものにならなかった。イギリスの大衆が小説読解において成熟したのとおなじように、フランスの市民は、美術鑑賞において上達進歩していたのだった。

そういえば、マネの「草上の昼食」も市民の過剰な反応をひきおこした。さながらシャーロック・ホームズものの小説が爆発的な人気を得たようにだ。もっとも「草上の昼食」の場合は人気ではなく顰蹙だったけれど、とにかく印象派というそののち一大潮流をなす芸術運動の発火点だったことはまちがいない。フランスの市民は美術に無知だったからではなく、むしろそれを熟知していたからこそ「草上の昼食」にほんのわずかの瑕瑾をみとめ、酷評をあびせたのだった。

イギリスの大衆がホームズものの文体の微妙な特徴をみごとに認めたところにも通じる話だ、とはもはや念を押す必要はないだろう。印象派とミステリがおなじ時代に生まれたのは、歴史の必然なのだった。

第十講　『時の娘』は絵で終わる

『時の娘』は、なぜ歴史ミステリなのか。

さらに言うなら、なぜ歴史ミステリの傑作なのか。それはロンドン警視庁の名刑事、アラン・グラント警部という主人公ただひとりを通して語られる一視点の小説なのに。一視点の小説はミステリには向いていても歴史叙述には不向きであり、その問題はもう優秀な後輩というべき『わたしの名は赤』によって解決されてしまったはずなのに。

それが第八講の最後で出した問題だった。その解決は、ここまで来れば容易だろう。「さては」と当たりをつけている読者もいるのではないか。『時の娘』は一視点でありながら、じつは多視点小説の要素も持っているのだ。

この二刀流を実現させているのは、『わたしの名は赤』のごとき前衛的な手法ではない。一九五一年——日本では昭和二十六年——に世に出た本にふさわしい、オーソドックスというか、私たちの住むこの世界の現実にじゅうぶんあり得る設定だった。グラント警部は、行動の自由がほとんどないのだ。

何しろ彼は、病院のベッドに釘づけにされている。

犯人の追跡中にマンホールに落っこちて足と腰に大けがをするという「最高の屈辱」により入院し、絶対安静を命じられているのだ。外出はおろか、ベッドをおりて部屋のなかを歩くことすら夢のまた夢。『時の娘』はまた安楽椅子探偵《アームチエア・ディテクティヴ》ものの傑作でもあるのだった……。

これでは話が進まない。

警部には、彼と外部をつなぐ連絡役がなければならない。作者がブレント・キャラダインという無病息災を絵に描いたようなアメリカ人青年を設定したのは、まず何よりも、こういう設計上の理由からだった。青年は陽気に、しかし謙虚に、こう警部へ言うのだった。

「あなたが探偵です。ぼくは単なるさぐり役」

実際、青年は、この宣言を忠実にまもった。病院の外をかけまわり、本をしらべ、大小さまざまな情報を警部にもたらした。調査員ないし下っぱ刑事のようなものだが、かつては大学で歴史を研究していたから情報の質に問題はない。警部も読者も安心できる。警部はベッドの上の人であるにもかかわらず、あたかも飢えた狼のように情報を吸収し、思考をめぐらせ、青年と議論し、次の調査の方針を指示して……まさに健常者とおなじように「探偵」の仕事をこなすのだった。

つまりキャラダイン青年は、もうひとりの警部なのだ。

警部の目のとどかないものを見、足のとどかない場所へ行き、手のとどかないものを手に入れる。推理以外の行動いっさいを担当しているわけだ。これを叙述スタイルのほうから見れば、青年は二人目の視点人物、とまでは言えないにしろ、一・五人目くらいにはなっているだろう。少なくとも単純な、第三者的な脇役を大きく踏みこえることはたしかだ。その上さらに、青年の報告は、

「エドワードが秘密にしていろと命じたからですよ」

「リヴァースとその共謀者三人は逮捕されて北部へ送られ、リチャードが王子と同行してロンドンへと向ったのです。彼らは五月四日にロンドンに到着しました」

などという歴史上のたくさんの人物を主語とする文体をとる。エドワードが、リチャードが、あのくそいまいましいトマス・モアが。……当然、それをめぐって交わされる警部との議論もおなじ文体でおこなわれるから、『時の娘』は一視点小説でありつつも、かなりの程度、三人称多視点の要素を持つこととなる。例の等式をあてはめるなら、『時の娘』はミステリでありつつ、その枠内で可能なかぎり歴史小説でもあるということだ。

『わたしの名は赤』のごとき一視点の叙述をずらりとならべて巨大な多視点とする方式をハイテク式、最新式と呼ぶならば、『時の娘』はまさしくローテク式、古典式に、あの一挙両得をめざしたといえる。この長篇小説が「歴史ミステリとして」傑作なのは、リチャード三世の甥殺しをあつかったせいもあるし、またリチャード三世を冤罪から救うその整然たる論理的展開の故もあるけれども、いっとう根本のところでは、こうした文体上の特徴によるところが大きいのだった。文体はす

べてを決めるのだ。

†

ひとつ、余談をゆるしてほしい。

キャラダイン青年がこの小説における唯一のアメリカ人ということについてだ。

私はこの設定に、作者ジョセフィン・テイの才能を見る。ないし意地悪を見る。なぜなら『時の娘』刊行（一九五一年）当時の一般的なイギリス人の通念では、アメリカ人とはまさしく陽気で、率直で、行動力があるかわり、形而上的な思考能力に欠ける国民と見られていたと思われるからだ。キャラダイン青年そのものではないか。

右の特徴のうち、さしあたりもっとも注目すべきは、形而上的な思考能力に欠けるというところだろう。青年はこの徳目（？）をかならず持たされなければならなかった。

というのも彼は、グラント警部とくらべて圧倒的に有利な立場にある。行動の自由があり、豊富な情報にアクセス可能で、したがってリチャード三世の謎を解決してしまう危険性がきわめて高い存在なのだ。うっかりしたら主人公を食いかねない。しかし青年はアメリカ人であることによって形而上的な思考能力に欠けており、したがって推理の能力に欠ける。彼には情報の集め屋がお似合いなのだ。アメリカ人だから。

いや、ちがう。

かんじんなことを忘れていた。当時のイギリス人にとってアメリカ人とは、ひょっとしたら現在も、ほかの何より、

「歴史」

を持たない連中なのだ。

ヨーロッパの北西の離れ小島にありながら古代ローマ帝国に征服されるという輝かしい文明的な事績を持ち、ノルマン・コンクェスト、大憲章《マグナ・カルタ》、百年戦争といった豊かな中世を持ち、それらの経験の集積によって地に足のついた近代を持つと自負するあの女王陛下の臣民にとっては、アメリカ人などというのは古代を持たず、中世を持たず、たかだか三百年あまりの近代しか持たぬ、大統領とやらいう爵位ももたぬ成りあがり者の子分でしかない。その子分のひとりにすぎぬキャラダイン青年はいくら熱心でも、いくら大学で歴史を学んでいようとも、しょせん子供のようなもの。リチャード三世という中世まったただなかの人物にたちむかうには限界がある。

……ジョセフィン・テイは、意識的にか無意識的にか、そういう算盤《そろばん》をはじいた上でこの青年の設定をしたのだった。私が意地悪と言うゆえんだ。作品の外の優越感がそのまま作品そのものの説得力になる、こういう例はけっこう多い。もっともアメリカ人もばかではないから、これとは逆に、劣等感をそっくり作品そのものの力にしてしまうことがある。第三講で詳述した「アッシャー家の崩壊」などは好例だ。あれはエドガー・アラン・ポーというアメリカ人が、自国に歴史のないことを逆手にとって成立させた奇跡的な「イギリス的」ゴシック小説にほかならなかった。

ぶあつい歴史を持つことと同様、歴史を持たないこともまた、一種の歴史力なのだ。

ほんとうを言うと、『時の娘』の主題は歴史ではない。

†

その反対の、歴史の信用ならなさだ。これはあらすじを見ればわかるだろう。おさない王子ふたりを殺した「悪王」リチャード三世はほんとうに悪王だったのか、政敵による宣伝が後世に残っただけなのではないかという疑問を軸にすすむ物語が、歴史の物語ではなく、反歴史《アンチ・ヒストリー》の物語であることは当然だった。

この歴史の信用ならなさは、小説内では、

「トニイパンディ」

という抽象名詞をあたえられている。もともとは南ウェールズの一地名 Tonypandy だった（正確にはトンアパンディと読むようだ。ケルト系の読みなのだろうが、ここでは小説の表記をおもんじる）。

この語がはじめて出てくるのは、例によって、病室でのグラント警部とキャラダイン青年の会話の場面だった。ちょっと長いが引用したい。いや、引用しなければならない。じつはそこには、おそろしいことに、私がこれまで書き継いできたことを根底から覆しかねない内容がふくまれるのだ。

文中のルビや傍点は原文のもの。

雀たちのさえずりをさえぎったのはグラントだった。

「トニイパンディ」と、彼は言ったのだ。

「何ですって?」

だが、グラントは依然として、心遠くにあるようだった。

「結局、ぼくらはそういうことが現在でもおこなわれているのを見ているわけだ、そうじゃないか?」彼はキャラダインに向ってではなく、天井に向って呟いた。「これはトニイパンディだ」

「いったいぜんたい、何ですか、トニイパンディって。なんだか新発売の薬の名前みたいだな。あなたのお子さんはぐったりしてはいませんか? 小さなお顔が熱っぽかったり、すぐ泣いたり、手足がじきに疲れたりしませんか? そんなときはトニイパンディを一粒嚥ませてください、すばらしい効きめがあります」だが、グラントが何も答えないので、「そうですか、それでは、あなたのトニイパンディを大事にしておいてください。ぼくは無料《ただ》でもごめんこうむります」

「トニイパンディというのは」グラントはなおも例の夢遊病者のような口調で言った。「ウェールズの南部の地名なんだよ」

「ぼくはまた、何かの薬の名前かと思いました」

「きみが南ウェールズに行けば聞かされるだろうが、一九一〇年にあそこで自分たちの権利のためにストライキをやったウェールズの鉱夫たちに政府は軍隊を使って発砲させたんだ。当時の内務大臣だったウィンストン・チャーチルの責任だということを、きっと聞かされるだろう。南ウェールズは決してトニイパンディを忘れないぞ！　とね」

キャラダインはおふざけムードを捨てた。「真相はまったくちがうんですか？」

「真相はこうさ。ロンダ渓谷《ヴアレイ》の連中のなかでも気の荒いグループがどうにも手に負えなくなった。商店が掠奪されたり、器物が破壊されたりしてね。グラモーガンの警察署長が、軍隊を出動させて民衆を保護してくれと内務省に要請してきた。警察署長ともあるべき者が軍隊の助けを乞うほど事態を重大と見たのなら、内務大臣としては、まず、否応はない。しかし、チャーチルは、軍隊が暴徒とぶつかって発砲したりするようなことになってはいかんと恐れて、軍隊行動はやめさせ、代りに、ごく普通の、しっかりした首都警察の一隊を防水外套のほかは何一つ武装させずに派遣したんだ。軍隊は予備にとっておかれたわけで、暴徒との接触にはすべて、非武装のロンドン警察が当ったんだ。全事件を通じての流血と言えば、一人か二人が鼻血を出したくらいのものだった。内務大臣はたまたま、この〝前例のない干渉〟について下院で批判の矢面に立たされた。これがトニイパンディさ。ウェールズが決して忘れないぞと叫んでいる軍隊発砲事件さ」

「なるほど」キャラダインは考えこみながら言った。「なるほど。ボストン事件とそっくりですね。誰かが政治的な目的のために針小棒大にしてしまったんです」

「要点は、この二つがそっくりだということじゃない。問題の要点は、現場に居合わせた一人、一人がみんな、この話は作り話だと知っていながら、しかも、それを否定してしない、ということだ。今となってはもうとり返しがつかん。この話は嘘だと知っている連中が黙って見ているあいだに、そのまったくの嘘っぱちが伝説になるまでにふくれ上がってしまったんだ」

「そうですね。じつに面白い、じつに。歴史はこうして作られるんですね」

「そうだ。歴史はね」


刊行当時の『時の娘』の読者には、このグラント警部の説明はそうとう生々しかっただろう。トニイパンディ暴動が起こったのは一九一〇年、たかだか四十一年前のことだからだ。ちょうど私や読者にとっての石油ショックやロッキード事件のようなもので、或る年齢以上の人ならリアルタイムで経験ないし見聞している。まさしく同時代の事件なのだ。若い人たちにとっても「それは歴史だ」などと他人顔《がお》ができるほど遠くはない。卑弥呼や信長といっしょにはできない。そういう近過去の事件でさえ真実はこのようにあやふやなのだから、ましてや四百年前の、リチャード三世の甥殺しなど……というのがグラント警部の論法だった。

が、この論法はひじょうに危険だ。

わが身をも殺しかねない諸刃の剣なのだ。というのも、もしもリチャード三世への罵詈雑言がトニイパンディなら、トニイパンディ暴動を「作り話」と非難するのもトニイパンディたり得るからだ。そういえばグラント警部はロンドン警視庁の所属だった。政治権力の威を借りて治安をまもる立場の人間。そういう人間がトニイパンディ暴動を見れば、警察に同情的になるのはむしろ自然のことではないか。彼は暴動を過少評価している。彼の評価は信用ならない……。

すなわち。

グラント警部の立場は、けっして絶対的ではないのだ。

リチャード三世を極悪人と見るのがトニイパンディなら、善人と見るのもトニイパンディ。『時の娘』という史観転覆劇のおもしろさの幾分かは、この諸刃の剣の片方の刃をすっかり引いてしまったところで成立している。いっぽうの説を否定するあまり、もういっぽうを強調しすぎている。そのことは認めなければならないのだ。

おそろしい。本当におそろしいことだ。ふりかえれば、私はこれまで『緋色の研究』『荒野のホームズ』『薔薇の名前』など、たくさんの本の分析をした。そのときどきで汽車だの虫めがねだの、イスラム圏の天文所だのいう小道具ないし大道具に関する歴史的説明をくわえもした。『オトラント城』はつまらないと一蹴したりもした。それら一切がトニイパンディでないなどと言うことが、どうしてできるだろう。私はすべての歴史的分析を、歴史の評価を、誤っていたかもしれないのだ。だとしたらこの本は、そう、あなたがいま読んでいるこの本は、ただの紙くずになってしまう。

むろん、私の本だけではない。およそ歴史をあつかうかぎり、この世のあらゆる本がおなじ運命をたどりかねない。この究極の底なし沼から、私たちは、私たちを救い出すことができるだろうか。

†

そのための手がかりは、結局、あの絵にしかない気がする。

そう、リチャード三世の肖像画だ。そもそも私たちはその絵の読み取りから旅をはじめたのだから、その絵の読み取りで旅を終わらせるのは自然なことだ。その先には輝かしい黄金郷があると期待してもいいのではないか。

が、これがまた絶望的なのだ。

何しろあの絵はリチャード三世の同時代に描かれたものではない。彼の死後、少なくとも百年くらいは経過した一五〇〇年代末に描かれたものであり（絵の描かれた板を年輪年代法により測定した数字の由）、まさに「事後の評価」すなわちトニイパンディの疑念のまっさきに向かうべき物件なのだ。

いや、トニイパンディを持ち出さずとも、この絵はそもそもわからないことだらけ。ナショナル・ポートレート・ギャラリー（邦訳内では「国立肖像画美術館」）に蔵されているくらいだから一応のところ素性はたしかなのだろうが、画家の名前は不明だし、何よりもこの絵は、「写し」なのだった。まずは世界のどこかに原画があって、それを写したのがこの絵なのだ。私がさっき一五〇〇年代末に「描かれた」と言ったのは、正確には、模写されたと言うほうが適切だった。ナショナル・ポートレート・ギャラリーは、けっして不名誉なことではないが、コピーを財産にしていたのだ。

そして原画は、二十一世紀の現在、どこにあるかわからない。

焼失などの理由により失われた可能性がひじょうに高く、今後あらわれることを期待するのは無理。それが大人の分別なのだ。なるほど最近（二〇一二年八月）、リチャード三世の遺骸そのものが見つかって世界中の話題となったけれど、これは考古学の問題ではない、美術の問題にほかならないのだ。

コピーがあればいいじゃないか、という話にはむろんならない。絵具、筆、技術、センス、生活環境、年齢、そういったものすべてが同一のふたりの画家がこの世にあり得ない以上、いや、あり得たとしても、写しは写し。原画と寸分たがわぬものには絶対にならない。デジタルデータとはわけがちがう。グラント警部が、

> 切れ長の目で、眉との間隔がせまい。眉は、苦しげな、良心的すぎる人物によくありがちな、あのかすかにひそめられた感じに描いてある。

という好意的この上ない感想を持ったそのリチャードの眉は、はたしてオリジナルにおいても「かすかにひそめられた感じ」だったかどうか、誰ひとり断言できないのが現況なのだ。

実際、この絵には複数の写しが存在することがわかっている。どれも眉の感じが異なっているのだ。ここはインターネットに頼ることにして、こころみに、それらの顔の比較をしてみよう（以下四点については、リチャード三世に詳しい日本語ウェブサイト「白い猪亭　真実のリチャードを探して」他を参考にした）。

Ⅰ　ロンドン古物協会所蔵品（図17）
［作者］不詳（イングランド派の画家）
［製作年代］一五一〇年？
［サイズ］三二〇×二〇五ミリメートル
［材質］オーク板に油彩
［特記事項］額縁に英語まじりのラテン語で「Richard Rer terci」（リチャード三世）の文字あり。

Ⅱ　王室コレクション所蔵品（図18）
［作者］不詳（イングランド派の画家）
［製作年代］一五〇四から一五二〇（年輪年代法による）
［サイズ］五六五×三五六ミリメートル
［材質］板に油彩
［特記事項］ヘンリー八世の初期コレクション。一五四二年の財産目録に記載あり。

Ⅲ　ナショナル・ポートレート・ギャラリー所蔵品A（図19）
［作者］不詳
［製作年代］一五〇〇年代末

図 17　I

図 18　II

図 19　III

図 20　IV

［サイズ］六三八×四七〇ミリメートル
［材質］板に油彩
［特記事項］前項Ⅱと似ているため、Ⅱを写したか、またはⅡと共通の原画を写したものといわれる。NPG148。

Ⅳ　ナショナル・ポートレート・ギャラリー所蔵品B（図20）
［作者］不詳
［製作年代］一五〇〇年代末
［サイズ］五七〇×四四八ミリメートル
［材質］板に油彩
［特記事項］Ⅲとおなじ館の所蔵。ただしⅢより一まわり小さく、絵に「RICARDVS REX ANGLYA III」（英国王リチャード三世）の金文字のあるのが異なる。NPG4980。

おなじナショナル・ポートレート・ギャラリーに属するものが二枚あるが、このうちⅣは一九七四年、つまり『時の娘』刊行後に購入したもの。刊行当時には別人の所蔵だったから、グラント警部が見たのはⅢだろう。もちろん病院内から出られないので、絵の現物ではなく、それを写真に撮ったものを見たわけだ。

いずれにしても、リチャード三世その人はひとりしかいないが、彼の絵は、その眉は、この世にたくさん存在する。ひそめたり、ひそめてなかったり、怒ったようだったり、無表情のようだったりと、いろいろに見えるのがわかると思う。第八講で私は、近代のキリスト教徒は写実性を重視した、というようなことを述べたが、その写実性というやつも一筋縄では行かないわけだ。

すなわちグラント警部が「良心的すぎる」と言ったのは、純粋なる主観、ほとんど「あばたもえくぼ」と同様の情緒的かつ積極的な錯視にほかならなかった。彼の推理はすべて主観の土の上に咲いた徒花《あだばな》にすぎなかったのだ。トニイパンディを非難した彼自身、トニイパンディを実践してしまっていたのである。

しかし私たちは、むろんのこと、彼を責めることはできない。

あるいは『時の娘』の作者をも。主観の壁を超えられないという点では、二十一世紀の私も、あなたも、まったくおなじ欠点を持つからだ。

早い話が、このⅢのリチャード三世をあなたはどう見ただろうか。グラント警部と同様「良心的すぎる」人？　わずかに垂れ目の「優しい」人？　唇をきゅっと引きむすんだ「威厳ある」人？　それとも右目と左目の視線の向きが微妙にちがう「異常な精神の」もちぬし？　それとも？

どれも誤りとは言えないかわり、どれも正しいとも言えないだろう。こういう問題では1＋1＝2というような客観的な答は出しようがないし、客観をよそおうことすらままならない。私たちはつくづくと、絶望的なまでに、主観のなかの人間なのだ。

言いかえるなら、一視点の人間だということ。

絵を見ても、小説を読んでも、人と話しても、ものを食べても、風景をながめても、その感想はどこまでもその人なりのもの。他人の感想を聞いたところで「なるほど」と思うだけ、認知はできても同化はできない。中学生でも知っていることだ。「人間なんて、しょせん他人は理解できないのさ」。そんなふうに拗ねてみた過去がありませんか。私はある。それこそ中学生のころ。

だがそれなら、なぜ人類は、

「客観」

という言葉を生み出したのか。

個人をこえ、「私」をこえて、あらゆる主観から独立している神のような視座を、どうして私たちは想定するのだろう。そんなものはこの世のどこにも存在しないのに。想定するだけ無駄なフィクションなのに。

哲学的にはいろいろな議論がなされてきたし、いまでも議論されているのだろう。が、私たち平凡な生活者の実感に即して言うなら、それはたぶん、他人の目がこわいからなのだと私は思う。

自分が人をどう見ているかは一応わかるけれども、人が自分をどう見ているかはわからない。絶対にわからない。ならば想像力を駆使してでも、フィクショナルな神の視座を設定してでもわかった気になりたいというのが切実な、本能的な、根源的な私たちの欲求なのだ。私たちは客観的に見たいのではない、客観的に見られたいのだ。

念のため言っておくが、他人の評価が気になる、などという甘ったるい話をしているのではない。問題ははるかに根が深いのだ。その欲求がみたされなければ、私たちは、比喩ではなく、文字どおり、この世界から消え去ってしまうのだから。

私は私。

自分は自分。

当たり前じゃないかと思いがちだが、実際のところ「私」ほど危うい観念もないというのは、これまた哲学の基本が教えるところだろう。たとえばここにあなたの左腕があるとして、それはあなた自身ではない。刃物でかんたんに切り落とせる、落としたらどさりと音を立てる、「左腕」という名の物体にすぎないのだ。同様にあなたの足、あなたの耳、あなたの目、いずれもあなた自身ではなく、したがって私自身ではない。「私」という観念はそこにはない。

脳はどうか。あれこそ意識の根源ではないか。左腕に「動け」と命令するのも脳だそうだし、あれは私自身とはいえないか。

残念ながら、脳もやっぱり物体だった。白い、やわらかい、脂質とタンパク質とアミノ酸等のかたまったもの。意識の根拠ではあるだろうが、意識そのものとは呼べないのだ。

してみると、私の体は私ではない。私とは意識のことだ、私を私と思うこの意識のことだ、こうならざるを得ないだろう。私を私と思う意識だなんて、ずいぶん自家循環的な定義だけれども、言いかえるなら、私たちはたえず「私は私だ」と意識してやらなければ自分を保つことができない動物である。その意識をやめたとき、ほんとうに、私は私でなくなるのだ。精神は無に帰し、人格は霧消し、あなたは本能と反応にのみ生きるミジンコやツボカビとおなじ存在になる。

ちょうど子供の砂場あそびに似ているかもしれない。砂場の山はほうっておけばさらさらとくずれる。形をなくす。それを山であらしめるためには両手で砂をてっぺんに乗せなければならないが、乗せたとたん、山はまたさらさらと音を立ててみずから崩壊するのだった。私は私だと意識することは、すなわち私を私であらしめること。私を自壊からたえず救いつづけることなのだ。「私」とは、自家循環にこそ本質があるのだ。

ただし、ここが複雑なのだが、その意識のしかたは二とおりある。自己認識の対象としての私はふたつの要素にわかれている、と言ってもいいだろう。

私から見た私と、他人から見た私。

どちらが欠けても自己認識は成立しないが、前者については贅言は要しまい。私から見た私が私であるのは一応のところ知れきったことだ。問題は後者だろう。もちろん私たちは他人になることはできないから、それを知るには想像力をはたらかさねばならない。「あの人は私をどう思っているのか」とあなたはいつも思うだろうし、「ホームズはきっと私を無知な、頭のにぶい男と思っているにちがいない」とワトスン君は思っていた。私たちは他人になることはできないが、なったつもりになることはできるのだ。いや、ならなければならないのだ。

逆に言うなら、私たちは、私から見た私と、他人から見た私、両方を総合してはじめて、

「自分」

というひとりの人間のありようを正確に把握できる。私を私であらしめることができ、ミジンコ状態を脱することができる。「他人の評価が気になる」程度の甘ったるい話ではないと先に述べたのは、こういう意味にほかならなかった。それは生存に必須の条件なのだ。

このことはまた、主観と客観の総合、と呼ぶことも可能だろう。私が私を見ることこそ主観、他

人が私を見ることこそ客観というのは先ほど述べたところだからだ。そこで思うのだが、そもそものはじめに振り返れば、ひょっとしたら、この総合のためのもっとも有効な方法こそ、「小説」を読むことではなかっただろうか。

作家の我田引水ではない。牽強付会でもないつもりだ。およそ世の中には、映画、テレビドラマ、アニメ、演劇、叙事詩、お能など、現実に似せた架空のストーリーを語る芸術ないし芸能はたくさんある。それはほとんど「うんざりするほど」という形容を用いてもいいくらいだろうが、しかしそのなかで、小説というこの近代にはじまった文学の一形式ほど主観と客観のあいだの往復が容易なものはない。そのことはまちがいなく事実だと思う。理由はかんたん。小説は、書き言葉しか使わないからだ。

役者も使わない、大道具も小道具も使わない。衣裳も音楽もいらないしデジタル技術のエンジニアを雇う必要もない。ただ文字しか使わない――挿絵や図版等に強く依存するごく一部のものは例外として――という単純さの故に、そこでは人物のすべてが、世界のすべてが記号化される。観念化される。そうして記号ないし観念の操作は、肉体の操作よりもはるかに容易に複雑化し得るのだった。

人間を内側から見、同時に外側から見るというのは現実の私たちには不可能だけれど、記号化ないし観念化された世界を通じてなら可能。私たちは私として私を見、同時に、他人として私を見ることができるのだ。しかも客観という問題についてまわる「つもり」の問題も、そこではあっさりクリアされる。読者は「つもり」抜きに、まったく直接的に、小説のなかでは他人になれるのだ。
ただしもちろん、いくつかの条件がある。
作品そのものがつまらなければ感情移入もへったくれもないとか、読者のほうの読解力の影響も大きいとかいう当たり前のことはさておいて、最大のそれは、
「作者がそのように書いている」
ことだろう。
これまた当たり前のことだ。いくら原理的に主観と客観が総合できると言ったところで、最初から本文にそれらが両方存在しなければ手も足も出ない。世の中には主人公を内側から見るだけの小説もたくさんあるし、外側から見るだけの小説もたくさんある。というより、それらが全体のかなりの部分を占めているのだ。
内側から見るだけの小説は、文体的には、ふつう一人称で通すだろう。外側からのほうは三人称で通すだろう。後者に関しては、
三人称一視点
三人称多視点
の二種類があることは以前にもふれたが、ここでもやはり、三人称一視点は実質的に一人称とおなじと見ていいと思う。人間を「外側から見る」ことの特長は、むしろ多視点の叙述において顕著になるからだ。「キャサリンは」「イザベラは」「ヘンリーは」……それらが複雑に入りまじることで、見る、見られるの関係はいっそう鮮明になるのだった。

となると、主観と客観の総合とは、要するに一視点と多視点の総合ということになる。

ひとつの小説作品のなかに一視点と多視点の叙述がふたつとも入っていれば、私たちは主観と客観の総合ができる。あの「私が私になる」生存必須の認識をおこなうことができる。最良の場合には物語をとびだし、現実世界においてそれをなし得たと錯覚することもできるだろう。そうして人間として生きられるのだ。

もちろんこれは理想論で、実際にはそんな都合よく事ははこばない。そもそも一視点と多視点の両方が入った小説など、めったにお目にかかれないではないか……と思考をここまで進めたとき、私は、そう、はたと膝を打つのだった。

歴史ミステリがある。

オルハン・パムク『わたしの名は赤』を頂点ないし最先端とする、あるいは『時の娘』を古典的傑作とする、あの一大小説群があるではないか。

等式をふたたび持ち出すまでもないだろう。歴史ミステリこそは一視点と多視点をもっとも円滑に両立させ得るジャンルであり、もっとも中世と近代それぞれの人間の認識法を両立させ得るジャンルだった。自分も他人もそこにいる。すなわち私たちは、歴史ミステリにおいてこそ私を内側から見ることができ、なおかつ外側から見ることができるのだ。

ということは。

歴史ミステリは、単なる一ジャンルではないということだ。

人間の実存にもっとも深いかかわりを持つという意味ではむしろ王道中の王道。あたかも天空の太陽のごとく小説界の中心をどっかりと占めるべき輝かしき大光球にほかならなかった。これにくらべれば単なる歴史小説は、単なるミステリは、単なる〇〇小説は……どうなるかはご想像におまかせするけれど、いずれにしてもこの自己認識、自己保証という最高の薬効を前にしては、ほかの効能がかすんでしまうことはたしかだろう。ユニークな人物像とか、二転三転するストーリーとか、独自の歴史観とか、新史実の発掘とか、そういうものが得られるのも歴史ミステリのおもしろみにはちがいないけれども、それらはいわば局地戦の勝利。総力戦においては読者の生《せい》そのものを安堵する——肯定すると言ってもいい——という根本的な勝利にまさるものはない。それは歴史ミステリのみが持つ価値であり、手ごたえなのだ。

私はさっきトニイパンディをおそろしいと言った。およそ歴史というものをあつかうかぎり評価の変転からはのがれられず、この世のあらゆる本がみじめな紙くずになってしまうとため息をついた。しかし歴史ミステリに関しては、小説の体《てい》をなしているかぎり、その心配はないだろう。どれほど歴史的評価が変わろうと、どれほど歴史的分析を誤ろうと、この価値にくらべれば何ほどでもないからだ。極端な場合、私たちは、誤謬と誤認にみちた歴史から生きる勇気をあたえられ得る。たいせつなのは正誤ではない。トニイパンディはこわくないのだ。

いや。

やはり我田引水だったかもしれない。

牽強付会だったかもしれない。ちょっと冷静になってみよう。世界の中心が歴史ミステリだなんて、それ以外はすべて二番目以下だなんて、いくら何でも無理がありすぎる。なるほど歴史ミステリは一視点と多視点の利点をあわせ持っているけれど、そういうものは現代小説にもいろいろある。ましてや読者の生そのものを安堵するのが歴史ミステリ「のみ」だなんて、いくらレトリックにしても極端すぎるだろう。あの『薔薇の名前』の異端審問官ベルナール・ギーがもしもこの世にあらわれて、私のこの文を読んだとしたら、きっと開廷十分後にはもう火刑台ゆきを宣告するにちがいない。私はどうやら、旅の終わりに足をふみはずした。

ほんとうは一番じゃなくてもいい、世界最下位だってかまわない。とにかく私はそのようにして歴史ミステリとつきあってきたのだし、今後もつきあっていくだろう。トニイパンディを危ぶみつつ、生きる手段とするだろう。あとは読者にゆだねるほうがいい。また何か突飛なことを言い出さないうちに。

私の仕事は、のこりひとつ。

『時の娘』の絵の分析ではじまったこの本に、それにふさわしい首尾ととのった幕切れをあたえてやることだ。

そうしてこの本そのものを歴史にしてしまうことだ。引用は当然『時の娘』の最後の場面からになるだろう。そこではやはりグラント警部が、ベッドの上でリチャード三世の肖像画をながめている。歴史の探究にも一段落がつき、けがも完治して、あしたには退院するという日のことだった。

〈アマゾン〉が入ってきた。

本名はエラ・ダロル。担当の看護婦だが、その「ぶなの大枝のような」太い腕っぷしの故にそんな渾名《あだな》をつけて警部は退屈をまぎらわしていた。ほんとうは気のやさしい女性なのだ。

〈アマゾン〉は、ふつうの市民だった。リチャード三世は悪王だと固く信じ、ふたりの甥殺しも彼がしたものと思いこんで疑ったことが一度もない、ふつうの歴史教育を受けた善良なイギリス市民だった。その彼女に、

「お願いがあるんだがね」

と、警部は声をかけた。そうして、例のリチャード三世の絵の写真を切り抜いたものを手わたしながら、こんな依頼をしたのだった。

「その写真を窓のそばへ持って行って、明るいところで、脈をみる時間ぐらいのあいだ、眺めてみてくれないか？」

「はい、お望みとあれば、よろこんで。でも、どうしてなんですの？」

「どうしてでもいいさ。ぼくをよろこばせるためだと思ってくれたまえ。ぼくが時間を計るよ」

彼女は肖像を手にとって、窓ぎわの明るいところへ近づいた。

グラントは自分の腕時計の秒針を見守った。

四十五秒たってから、彼は言った。「どうだい？」すぐには返事がなかったので、彼はもう一度言った。「どうだい」

「おかしいわ」と、彼女は言った。「しばらく眺めていると、本当にいい顔になってきますのねえ、そうじゃありませんこと？」

『時の娘』が、いや、歴史ミステリそのものが、みなさんの目にも「本当にいい顔になって」きたとしたら、これほどうれしいことはない。

あとがき

手もとの記録によれば、この本の執筆に手をつけたのは二〇一〇年十月二十八日。ちょうど五年前である。ということは、幻戯書房の名嘉真春紀さんにはじめて会って、

「何か書きませんか」

と誘われたのは、さらに前ということ。おそらく名嘉真さんは小説か軽いエッセイのようなものを想定していたのだろうが、私は少しかんがえてから、

「長篇評論をやりましょう」

いまとなっては記憶もあいまいだが、単なる思いつきではなかったはずだ。なぜなら私はもともと歴史が好きだった。歴史小説ももちろん書くし（当時はまだ発表はしていなかったが）、現代ものを書くときでもボッティチェッリの絵だの、『源氏物語』の写本だのいういわゆる文化財をあつかうことがほとんどだった。そうして歴史というのは、少なくともその一部分は、小説のかたちで語られることを拒絶する性質をもつ。評論ないし広義のエッセイの形式に拠るほうが真理にせまりやすい対象があるのは否みがたい事実なのだ。

とはいえ、執筆そのものは難航をきわめた。日々の小説連載のあいまを縫って、小説とはまった

くちがう文章を書くのだから無理もないのだが、そのうえ私は、私にひとつの目標を課していた。そのことが渋滞の最大の原因だったのではないか。

その目標とは、わかりやすく書くこと。なるべく複雑で抽象的な内容を、なるべく単純で具体的に叙述すること。少なくともマニアにしかよろこばれない本には絶対にしないこと。その目標がどれほど達成されたかは読者の審判をあおぐしかないが、私としては、実際のところ、この一事にこそ学者や評論家ではない作家が評論を書くことの真の意味があると思っている。自尊心といってもいい。『ハムレット』の有名なせりふを一ひねりして、作家とは文章、文章、文章なのだと言ったら言いすぎだろうか。

名嘉真さんは編集者として私の筆を駆り立てたのはもちろん、しばしば貴重な示唆をあたえてくれた。特にポー以前のミステリに関しては教えを受けたところが大きい。記して感謝の意を捧げます。それともうひとり、図版の選定と整理を手伝ってくれた妻の俊子にも。

二〇一五年十月一日

門井慶喜

関連年表

一二六九　ウェストミンスター寺院、完成
一三〇三　ボニファティウス八世、死去
一三〇九　ローマ法王、フランス・アヴィニョンへ（～一三七七）
一三九五頃　ヤン・ファン・エイク、誕生
一四五五　薔薇戦争勃発（～一四八五）
一四八三　リチャード三世、イングランド王に戴冠（在位～一四八五）
一五一三頃　トマス・モア『リチャード三世伝』執筆（一五四三刊行）
一五一七　マルティン・ルターが「九十五ヵ条の論題」でローマ教会の発行する免罪符を批判し、宗教改革の契機となる
一五四三　ニコラウス・コペルニクス、地動説を発表
一五七四　ムラト三世、オスマン帝国皇帝に即位（在位～一五九五）
一五九一　ウィリアム・シェイクスピア『リチャード三世』初演
一六二〇　メイフラワー号、アメリカ大陸に到着

一七二〇　南海泡沫事件発生、ロバート・ウォルポールが処理にあたる
一七三三　ジョン・ケイ、飛び杼を発明
一七六四　ホラス・ウォルポール『オトラント城』
一七六九　ジェームス・ワット、新方式の蒸気機関を開発
一七七〇　ボストン虐殺事件
一七七五　アメリカ独立戦争（〜一七八三）
一七七六　アメリカ独立宣言
一七八三　パリ条約によりアメリカがイギリス本国より独立
一七九四　アン・ラドクリフ『ユードルフォの謎』
一八〇三　ジェイン・オースティン『ノーサンガー・アビー』完成（一八一七刊行）
一八三九　エドガー・アラン・ポー「アッシャー家の崩壊」
一八四一　エドガー・アラン・ポー「モルグ街の殺人」
一八五四　フローレンス・ナイチンゲール、クリミア戦争に従軍
一八五九　チャールズ・ダーウィン『種の起源』
一八六三　エドゥアール・マネ、「草上の昼食」をサロンに出品するも落選
　　　　　ドミニク・アングル「トルコ風呂」完成
一八六五　「メンデルの法則」発表
一八六六　エミール・ガボリオ『ルルージュ事件』（ルコック探偵初登場）

一八六七　フランク・ロイド・ライト、誕生
一八七〇　イタリア王国、ローマを併合
　　　　　普仏戦争（～一八七一）
一八八二　イギリス王立裁判所、完成
一八九六　アンリ・ベクレル、放射線を発見
一八八七　コナン・ドイル『緋色の研究』
一八九〇　コナン・ドイル『四つの署名』（翌年、「ボヘミアの醜聞」発表）
　　　　　モルモン教、一夫多妻制を廃止
一九〇五　第一次ロシア革命
一九一〇　トニイパンディ事件
一九一四　第一次世界大戦勃発（～一九一八）
一九一七　第二次ロシア革命
一九三二　パブロ・ピカソ「水浴の女とビーチ・ボール」
一九三六　ジョン・ディクスン・カー『エドマンド・ゴドフリー卿殺害事件』
一九三九　ドイツ軍、ポーランドへ侵攻。第二次世界大戦の幕開けとなる
一九四一　太平洋戦争開戦
一九四五　第二次世界大戦終結
　　　　　リリアン・デ・ラ・トーレ『消えたエリザベス』

一九五一　ジョセフィン・テイ『時の娘』
一九五八　高木彬光『成吉思汗の秘密』
一九六〇　シオドー・マシスン『名探偵群像』
一九七四　エリザベス・ピーターズ『リチャード三世「殺人」事件』
一九七七　エリス・ピーターズ『聖女の遺骨求む』（修道士カドフェルシリーズ第一作）
一九八〇　ウンベルト・エーコ『薔薇の名前』
一九九八　オルハン・パムク『わたしの名は赤』
二〇〇六　スティーヴ・ホッケンスミス『荒野のホームズ』

＊小説は基本的に原著発表及び刊行年を記した。

装画

Dmitriip/Shutterstock.com

装幀

真田幸治

204頁図版クレジット

“Bather with Beach Ball”©2015-Succession Pablo Picasso-SPDA(JAPAN)

編集協力

倉橋政博　石井裕康

門井慶喜（かどい・よしのぶ）一九七一年、群馬県生まれ。同志社大学文学部卒業、専攻は文化史学。二〇〇三年、「キッドナッパーズ」でオール讀物推理小説新人賞を受賞。〇六年、初単著『天才たちの値段』を刊行。同作に続く「美術探偵・神永美有シリーズ」の他、『人形の部屋』『パラドックス実践　雄弁学園の教師たち』『おさがしの本は』『竹島』『シュンスケ！』『東京帝大叡古教授』『新選組颯爽録』などのミステリや歴史小説を執筆。また万城目学との対談集に『ぼくらの近代建築デラックス！』がある。

マジカル・ヒストリー・ツアー
ミステリと美術で読む近代

二〇一五年十一月二日　第一刷発行

著　者　門井慶喜
発行者　田尻　勉
発行所　幻戯書房
郵便番号一〇一―〇〇五二
東京都千代田区神田小川町三―十二
岩崎ビル二階
電　話　〇三（五二八三）三九三四
ＦＡＸ　〇三（五二八三）三九三五
ＵＲＬ　http://www.genki-shobou.co.jp/

印刷・製本　中央精版印刷

ISBN978-4-86488-085-5　C0095

詐欺師の勉強あるいは遊戯精神の綺想

種村季弘

まぁ、本を読むなら、今宣伝している本、売れている本は読まない方がいいよ。世間の悪風に染まるだけだからね……文学、美術、吸血鬼、怪物、悪魔、錬金術、エロティシズム、マニエリスム、ユートピア、迷宮、夢——没後10年・愛蔵版の単行本未収録論集。

四六判上製／八五〇〇円

四重奏　カルテット

小林信彦

もっともらしさ、インテリ特有の権威主義、鈍感さへの抵抗——一九六〇年代、江戸川乱歩とともにした雑誌「ヒッチコックマガジン」の時代。〝ここに集められた小説の背景はそうした〈推理小説の軽視された時代〉とお考え頂きたい〟。文筆生活50周年記念出版。

四六判上製／二〇〇〇円